Helga Frei
Lust auf Afrika!
Von Alzenau nach Afrika

AF271985

MIX
Papier aus verantwortungsvollen Quellen
Paper from responsible sources
FSC® C105338

FSC
www.fsc.org

Helga Frei

Lust auf Afrika!

Von Alzenau nach Afrika

2. Auflage 2018

TRIGA
Der Verlag

Bibliografische Information der Deutschen Nationalbibliothek
Die Deutsche Nationalbibliothek verzeichnet diese Publikation in der
Deutschen Nationalbibliografie;
detaillierte bibliografische Daten sind im Internet über
http://dnb.d-nb.de abrufbar.

2. Auflage 2018

© Copyright 2015 bei der Autorin
Alle Rechte vorbehalten

Herstellung: TRIGA – Der Verlag UG (haftungsbeschränkt), GF: Christina Schmitt
Birkenallee 2 a, 63619 Bad Orb
www.triga-der-verlag.de, E-Mail: triga@triga-der-verlag.de

Druck: Libri Plureos GmbH, Friedensallee 273, 22763 Hamburg
Printed in Germany

ISBN 978-3-95828-167-7 (Print-Ausgabe)
ISBN 978-3-95828-065-6 (eBook-Ausgabe)

Hastig und geradezu schwungvoll kam ich zur Wohnzimmertür hinein.

Dabei schoben sich blitzschnell zwei kleine Giraffen aus dem Ärmel meiner grauen Anzugsjacke. Rechts und links. War es Zufall, dass ich ausgerechnet heute diesen grünen Pullover trug? Renate blickte erschrocken aus ihrem hohen Ohrensessel auf, der mit einem Ziegenleder in rot und schwarz bespannt war. Dabei glitt ihr das Buch »Amor, der römische Liebesgott« aus der Hand, das sie neugierig aus meinem Arbeitszimmer stibitzt hatte.

»Hallo Liebling!«, rief ich. »Es geht nach Afrika!«

»Wieso, haben wir im Lotto gewonnen, Tim?«, antwortete sie etwas spitz und nichts Verständliches zurück.

»Nein. Gerti und Ralf wollen eine Afrikareise buchen und da dachte ich, das wäre auch was für uns! Ich weiß doch, wie gerne du Elefanten, Giraffen, Löwen und Krokodile hast.«

»Ja, aber nur, wenn sie mir nicht zu nahe kommen. Bereits rieche ich den Staub in der Abendsonne. Rot glühend und heiß. Brüllen der Löwen und lautes Trommeln der Buschmänner.«

»Drum habe ich uns vormerken lassen. Bei einer renommierten Reisegesellschaft mit gutem Namen und perfekten Kenntnissen. Ausgebildete, erfahrene Leute leiten ein Camp in kleiner Gesellschaft. Sie versichern uns sogar, dass wir eine familiäre Atmosphäre genießen dürfen. Was meinst du, Liebes? Wäre das nicht fantastisch? Vielleicht könnte ich beim Jagen auch mal wieder meine Schießkunst beweisen?«

Renate reckte sich etwas vor und meinte: »Wenn das

so ist, wäre ich nicht abgeneigt.« Klappte das Buch zu und schob es unter ihre selbst gestrickte grau-grüne Decke. Eine Masche rechts, eine Masche links, versetzt gestrickt. Die sie um ihre Beine geschlungen hatte, denn es war schon etwas kühl in ihrem kleinen Lesezimmer. Die Sonne schien nicht mehr. Dunkle Wolken verhüllten sie. Doch hier und da kamen noch ein paar Sonnenstrahlen durch. Mit einem festen Griff schlug sie die Decke beiseite und stand auf. »Tim, ich rufe sofort Gerti an. Die wird staunen!«

»Einen Moment noch! Ich möchte dir etwas berichten, was weniger schön ist: Stell dir vor, ich komme gerade von meinem Opa in Goldbach. Er ist sehr angegriffen.« Mitleid schaute aus meinen Augen. »Du weißt doch, unser Hund, der Arko, ist sehr krank. Leider auch noch blind geworden. Sagte, dass er eingeschläfert wird. Das ist so ein lieber Hund, kommt mich immer herzlich begrüßen. Auch wenn es ihm schon sichtbar schwerfällt. Johnas Karl ist sehr traurig darüber. Er sagte, der Hund leidet. Du siehst, so geht es uns Menschen auch. Wir müssen auch eines Tages gehen: Memento mori – bedenke, dass du sterblich bist.«

»Nun, das tut mir sehr leid für Arko«, gab Renate knapp zur Antwort. »Natürlich kann ich auch Johnas Karl verstehen.« Unser beider Blicke trafen sich. Ich spürte ehrliches Mitleid. Renate tat einen kräftigen Atemzug und nahm gleich darauf einen großen Schluck eisgekühltes Tonic, um sich aus der angespannten Atmosphäre zu lösen. Ihr Weg führte sofort zum Telefon, nämlich wegen Gerti.

Ich aber wurde nachdenklich. Denn in diesem Moment stolperte mein Herz. Schon bereits die letzte Zeit öfter und ich sorgte mich sehr. Meiner lieben Frau aber wollte ich nichts sagen. Eine neue Umgebung sowie Abwechslung würden mich bald wieder auf Trab bringen. So war es dann auch.

Vor der Reise musste noch vieles erledigt werden. Die Papiere und ganz wichtig: die Impfungen! Eine amtliche Anmeldung für mein Jagdgewehr. Natürlich auch unsere Reiseapotheke, die darf auf keinen Fall fehlen. Die Kleiderauswahl für Afrika überlasse ich am besten meiner Gattin Renate. Ach ja, mein Gewehr. Ich drehte mich sofort auf dem Absatz um und lief zurück in die Diele. Dort stand ein schwerer dunkelbrauner Eichenschrank, ein Erbstück aus dem Familienbesitz meines Opas Johnas Karl. Eine rankende, eingeschliffene Weintraube reckte sich über beide Türen. Am liebsten würde man gerne hineinbeißen. Ich hätte jetzt glatt Appetit darauf. Nun ja, leider sind sie nicht echt. Köstlich wäre es schon! Auweia, mir fällt ein, was erst kürzlich passiert ist.

Ja, wir wohnen in einer Region von Weinanbau. Ein gutes Klima, Michelbach, Hörstein und Wasserlos. Sogar jetzt unterhalb der Burg von Alzenau wurde wieder Wein angepflanzt. Ein Burgriesling, er hat historische Wurzeln. Steckt zwar noch in den Kinderschuhen. Aber in zwei Jahren haben wir bestimmt einen gelobten, guten Tropfen. Eben diesen Burgriesling. Wohl, Wohl! Unser Bürgermeister Dr. Alexander Legler hatte diese Idee. Er selbst packte kraftvoll zu am Hang der Burg. Ein Bürgermeister zum Anfassen und stets das Ohr am Bürger. Vor etlichen Jahren wuchs hier noch nichts an diesem Burghang. Nur allerlei grünes Gestrüpp. Aber vor dem 16. Jahrhundert gab es schon Weinbau an der Burg. Eine Urkunde aus dem Jahre 1543 besagt, dass der Mainzer Erzbischof Albrecht II das Gelände für den Weinbau unterhalb der Burg freigegeben hat. Auch die Jordankarte von 1592 ist sehr aussagekräftig, in der die Weinbauflächen punktgenau eingezeichnet sind. Ja, die Tradition geht weiter. So warten wir es ab, bis das edle Tröpfchen im Weinglas funkelt. Und... ich rieb mir vorab freudig die Hände.

»Oh, ich verzettele mich noch ganz«, sprach ich zu mir und wandte mich wieder meinem Erbstück zu, dem Schrank meines Opas. Als ich die eine Tür öffnete, quietschte und knarrte sie. Die Geräusche waren mir sehr vertraut. Mit einem beherzten Griff nahm ich das Jagdgewehr aus der Halterung. Liebevoll drehte ich es in meinen Händen. Ich blieb für einen Moment stillstehen. Erinnerungen stiegen in mir auf. Das Jagdgewehr meines Vaters Andreas. Ja, meinen Vater vermisste ich sehr. Durfte ich doch jedes Mal ihn zur Jagd nach Afrika begleiten. Nun, wie ich so da stand, überfiel mich eine bisher nicht gekannte Arbeitslust. Ich klappte den Verschluss des Gewehres zur Seite. Sorgfältig begutachtet in allen Details, wurde es gereinigt und geölt. Wieder zusammengesetzt, steckte ich es in die Halterung zurück. Gewissenhaft wird es gut verschlossen. Die quietschende Schranktür besagte, dass die Arbeit ordentlich erledigt war. »Ach, die Tür!« Ich bückte mich, nahm nochmals die kleine Flasche mit dem Öl zur Hand. »Das werde ich sofort abstellen, diese Nervensäge.« Und ich ließ es dabei schön langsam auf die Scharniere träufeln. Die Türprobe ergab, dass keine lästigen Töne mehr zu hören waren. Prima!

Vor drei Jahren geschah es bei der Jagd, erinnerte ich mich: Mein Vater Andreas hatte den schriftlichen Auftrag vom Frankfurter Zoodirektor Grzimek, gleichzeitig Professor in Deutschland. Eine gut ausgewachsene Elefantendame in Afrika einzukaufen. »Sie wird hier dringend benötigt. Unser Elefantenmann würde sich freuen. Momentan ist er beim Fadisieren. Der Nachwuchs fehlt.« Er sollte sie auch zurück auf dem Flug nach Frankfurt begleiten. Die Papiere, fertig ausgeschrieben und vom Zoll bestätigt, bewahrte er in seiner Schreibmappe auf. Gut verschlossen nochmals in einem burgunderroten Aktenkoffer. Als Organisator vom Zoologischen Garten Frankfurt am Main war er verantwortlich für den Einkauf. Im südlichen Afrika, in Namibia.

Eine große, feste Holzkiste stand bereits in der Nähe. Aber nur mit einem bestimmten Betäubungsmittel durfte der Elefantendame zu Leibe gerückt werden. Es war sehr heiß an diesem Tag, die Luft flimmerte vor Hitze! Sein erfahrener Ranger und vier Jagdaufseher aus einem bestimmten Revier von Namibia. Alle mit polizeilichem Führungszeugnis und die Dienstmarke am blauen Hemd des Rangers sichtbar befestigt. Versuchten bereits seit zweieinhalb Stunden, die Elefantendickhäuter aufzuspüren. Kreuz und quer mit dem Jeep über Hügel und Gestrüpp. Nichts war ihnen zu gefährlich, sie bahnten sich den Weg frei. Da, plötzlich vor ihnen tauchte eine trampelnde Herde Elefanten auf. Zu schön, um wahr zu sein. Vom Ranger erlaubt, so stieg er vom Jeep, pirschte sich langsam und leise wie eine Gazelle an die Elefantendame näher heran. Der Ranger gab grünes Licht, er durfte sein Betäubungsmittel abschießen. Ich stand fest mit beiden Beinen auf der Ladefläche des Jeeps, meinen Fotoapparat auf Funktion gestellt, um alles bildlich festzuhalten. Es war sehr aufregend und still. Nicht der kleinste Laut war zu hören. Auf meiner Stirn bildeten sich Schweißperlen. Das Herz klopfte heftig unter meinem Buschhemd. Eine Tarnfarbe, grün und braun gefleckt. Vaters erster Schuss musste passen. Stark angespannt, das Ziel im Auge, legte er an und schoss – Volltreffer!

Da erblickte mein Auge links unten im Bild einen ausgewachsenen Löwen. Der springt geradewegs meinen Vater an. Volles Entsetzen traf mich wie ein Blitz. Ich schrie los, doch die Worte hörte ich nicht. Sie steckten mir im Halse fest. Das Blut stockte in meinen Adern. Dann laute Männerschreie. Sie riefen seinen Namen: »Andre, Andre!« Nun kam das Leben wieder zu mir zurück. Ich stieß voll des Eilens meine Leica Kamera um und wollte zu ihm. Aber sie hielten mich zurück.

»Geh nicht, dein Vater ist tot. Wir konnten leider nichts mehr für ihn tun.«

Ein Bild des Grauens, schrecklich! Der starke Löwe hatte ihm fast den Nacken durchgebissen. Eingerollt in eine grüne geflochtene Bambusdecke legte man ihn auf die Ladefläche des Jeeps zu meinen zitternden Füßen. Mein ganzer Körper fühlte sich matt und mir war schlecht. Dieser verantwortliche Löwe wurde sofort zur Rechenschaft gezogen. Gehetzt und gejagt. Nach etlichen Kilometern von einem der vier Jagdaufseher erschossen. Direkt an einem kleinen Wassertümpel. Der Schreck und die Traurigkeit standen den Männern im Gesicht. Wortlos fuhren wir ins Camp zurück.

Der nächste Tag: Ich war zutiefst geschockt und sehr traurig. Aber es half nichts, die Formalitäten mussten schnell und korrekt erledigt werden. Nach zwei anstrengenden Tagen mit Behördengängen bekam ich die Erlaubnis, mit meinem geliebten, toten Vater Andreas nach Hause zu fliegen. Und der besagten Elefantendame für den Zoologischen Garten in Frankfurt.

Aber jetzt möchte ich mich doch wieder auf Afrika freuen. Denn ich liebe diese Wildnis und die dort lebenden wilden Tiere. Zum Teil wurden schon Vorbereitungen getroffen. Die Abreise rückte immer näher. Das Thema bei uns hieß nur noch »Afrika«.

Es klingelte Sturm und ich wurde aus meinen Gedanken gerissen. Dreimal dürfen Sie raten welchen Gedanken. Ich sprang von meiner Arbeit auf, bei der ich die kleinen Staudenrosen »Dolly« mit ihren rosa Blüten behäkelte. Ich eilte mit großen Schritten zur Tür, um diesen ungeduldigen Gast zu empfangen.

Es war meine Frau! Sie stand da mit einem glücklichen Gesicht und glühend roten Bäckchen. »Liebling, bitte trage mir doch die paar Tüten ins Haus!«

»Ach, du liebe Zeit, so viel hast du eingekauft?«

»Aber ja, es hat so richtig Spaß gemacht. Alles für Afrika.«

»Renate, es gibt auch in Afrika Geschäfte.«

»Ah, das ist gut zu wissen.« Dabei fiel sie mir um den Hals. »Ich freue mich soooo auf Afrika! Stell dir vor, ich habe Gerti und Ralf getroffen.«

»Wie das?«

»Sie stiegen gerade aus der ›Bembel‹. Du weißt doch, die Kahlgrundbahn.«

»Wo stiegen sie aus?«, fragte ich nach.

»Unsere Freunde wohnen doch in Schöllkrippen.«

»Hast du heute was mit den Ohren?«, meckerte Renate. »Am Hauptbahnhof in Alzenau. Übrigens, ich kann dir über diesen Bahnhof was erzählen.«

»Dann schieß los, Liebes!«

»Baujahr 1898, Planung durch Hermann Christner, Ingenieur und Unternehmer. Das Bahnhofsgebäude ist noch im Original erhalten. Wie zur Zeit des Baus der Kahlgrundbahn. Die 23 Kilometer lange Strecke wurde in einer Rekordzeit von nur 10 Monaten erbaut. Allerdings mit fleißigen Händen und dem kraftvollen Zupacken der vielen Mitarbeiter. Erst auf Betreiben hessischer Unternehmer wurde danach die bitterarme Region mit dieser Bahnlinie verkehrstechnisch erschlossen. Sie erwies sich als wirtschaftlicher Motor für das Königliche Bezirksamt Alzenau. Verhalf vielen Menschen zu Lohn und Brot. Die Zigarrenfabriken und Märkte des Rhein-Main Gebietes konnten schneller beliefert werden. Besonders mit den guten Kahlgrund-Äpfeln. Es tat sich zusätzlich eine Tür auf. Ein Naherholungsraum entwickelte sich früh für den Kahlgrund. Auf ihrer täglichen Fahrt begrüßt sie mehrmals die Burg ›Allzunah‹ (die Alzenauer Burg).

Übrigens: Weißt du, wie die Burg zu ihrem Namen gekommen sein soll? In den ›Sagen des Spessarts‹ von Adalbert Herrlein ist zu lesen, dass einst Feinde die Burg des Ritters von Brandenburg belagerten. Nur seine Ehefrau erhielt freies Geleit mit allem, was sie auf Schultern tragen könne. Sie entschied sich für ihren Ehemann. Nach langer Wegstrecke jammerte den Ritter sein Weib, er bat sie, ihn gehen zu lassen, da er lieber selbst verloren sei, als sie zu verlieren. Allein das treue Weib, dem der Atem zu vielen Worten fehlte, entgegnete nur: »Allzu nah«, und schleppte sich mit dem Ritter über die Höhe. Dieser errichtete an dieser Stelle eine neue Burg, die er als Denkmal ehelicher Treue ›Allzu nah‹ nannte.«

Die Burg »Allzu nah«

Steht fest auf Felsen hoch gebaut.
Von fern und nah man sie sieht.
Vieles hat sie schon erlebt.
Und könnte uns selbst eine lange Geschichte erzählen.

Man hat Festmahle gefeiert.
Plünderungen und Feuer erdulden müssen.
Verkauft worden und wieder zurück gekauft worden.

Doch dabei zeigt sie mit feinem Stolz
dem Bürger den Weg.
Hier stehe ich – schaut!
Zu meinen Füßen das kleine Städtchen Alzenau.

Und wir Bürger hier –
freuen uns über diese schöne Burg.

19.11.2012
Helga Frei

Eine richtige historische Bahnfahrt lassen die Bähnler ab und zu an bestimmten Feiertagen aufleben. Dann ist es eine nostalgische Bahnfahrt in den Kahlgrund. Uff, uff, ich habe gesprochen!«

»Ja, ja, und meine Ohren haben es vernommen.«

Renate sprudelte weiter. «Von Schöllkrippen fährt die Bahn bis nach Hanau und wieder zurück. In den 1960er Jahren fuhr sie sogar bis nach Frankfurt. Das war super. Fällt endlich der Groschen?«

»Nee, die beiden mal ohne Auto«, mokierte ich mich. »Ja.«

»Wo doch Ralf so gerne seinen amazonasgrünen Porsche 968 fährt.«

»Gerti überredete ihn.«

»Und?«

»Beide fanden es angenehm mal ohne Auto. Die Sichtweise wäre eine andere.«

Aha«, gab ich genuschelt mit leisem Ton zurück. »Das wäre für mich eine andere Sache.«

Renate machte eine Handbewegung und fuhr mit ihrem Gespräch fort: »Wir haben dann zusammen bei unserem Italiener La Taverna eine leckere, lobenswerte Pizza gegessen. Buon appetito. Tiramisu, Espresso und Amaretto mussten auch noch sein. Du kennst mich ja! Ich habe ein lecker süßes Göschle.« Ich grinste etwas und schnalzte mit der Zunge. »Was glaubst du«, begann sie wieder, »war unser Gespräch?«

»Lass mich raten, Renatchen. Ich brauche mich nicht anzustrengen. Es war das Thema ›Afrika‹. Stimmt es?«

»Ja!«

»Na, dann hat es sich bestimmt in dem kleinen Städtchen Alzenau bereits herumgesprochen.«

»Mag ja sein«, gab Renate knapp zu. »Ich trompete es aus, weil es mir Freude bereitet. Die beiden sind auch so aufgeregt und in großer Erwartung, wie du und ich. Morgen will Gerti ihre Koffer packen. Und bei uns wird es auch Zeit, damit anzufangen.«

Ich sputete sofort in den Keller. »Bring uns die zwei Leichtmetall-Koffer herauf, die großen, extra für das Flugzeug! Einen für dich und einen für mich. So findest du deine Sachen besser. Zusätzlich mit einem dicken roten Punkt markiert. Bitte achte darauf!« Ein kurzer Hüftschwung und mit blauen Filzlatschen an den Füßen sprang sie beglückt davon.

Ich überlegte: »Was tue ich?« Oh, oh, sapperlot, da ging mir ein Licht auf. Die Firma Hebel. Da haperte es noch an meinen Plänen, was meine Kleine nicht wusste. Ich wollte sie nicht mit Sorgen belasten. Sonst bilden sich Falten in ihrem beglückten Gesicht. Mein Urlaubsschein befand sich auf dem Schreibtisch meines Chefs. Ich kniff dabei meine Augendeckel zu einem Schlitz zusammen. »Hoffentlich ist er mir wohlgesinnt. Diesen Urlaub habe ich bitter nötig. Fühle mich richtig ausgebrannt. Mein ganzer Körper braucht neue Energie. Ich habe keine Lust abzuwarten, bis ich in ein tiefes Loch falle. Dann ist es meistens sehr schwierig, wieder schnell herauszufinden.« Erst vor kurzem hatte ich mein 25. Betriebsjubiläum gefeiert. Als Elektromeister macht man sich Sorgen. Man trägt Verantwortung. Die Firma ist mir nicht egal.

Nun ja doch, es kam mir in den Sinn: Der Anfang der Firma Hebel in Alzenau mit 16 Mitarbeitern. Firmengründer war der Erfinder und Pionier Josef Hebel. Im Januar 1963 wurde das Hebel Gasbetonwerk Alzenau gegründet, das erste Tochterunternehmen des Stammwerkes Emmering bei Fürstenfeldbruck. Im Alzenauer Industriegebiet entstand auf einer Fläche von 200.000 Quadratmetern das Kerngebäude für die Produktion. Mit dem Baustoff »Hebel Porenbeton« konnte die Produktion ans Werk gehen mit Plattenbau und später auch Steinproduktion. Am 13. November 1964 wurde das neue Werk eingeweiht. Das Verwaltungsgebäude folgte 1969. Nur zwei Jahre danach das erste Musterhaus, das den Grundstein zum Musterhauspark legte. Es ist schön, da spazieren zu gehen, in die eingerichteten Häuser zu schauen, Pläne zu schmieden und sie dann zu verwirklichen. Letztendlich auch die Goldfische im See bewundern.

Aber nochmals zurück zum Anfang: Ich hatte die Pionierzeit mit allem drum und dran miterlebt. In einem Bauwagen, der inmitten von Sand stand. Ich war jung und voller Energie. Kräftig anpacken, das wollte ich. Dabei war die Gründung des heute bestehenden Werkes ein Glückszufall. Der Direktor von Hebel erzählte in seiner Festrede von einer schicksalhaften Bahnfahrt.

Er traf auf einen hohen bayerischen Regierungsbeamten. Sie kamen ins Gespräch. Er war nämlich auf der Suche nach einem geeigneten Platz für ein Hebel-Werk. Der Beamte informierte ihn über einen kleinen Ort namens Alzenau, der wichtige Standortvorteile böte: hervorragenden Quarzsand als Rohstoff, fleißige Arbeitskräfte, ein aufnahmefähiger Markt und eine verkehrs-günstige Lage. Der Direktor überprüfte die Informationen und fasste den gut durchdachten Entschluss, hier in Alzenau ein Hebel-Gasbetonwerk zu bauen. So kam eine Entwicklung ins Rollen, die uns zu dieser 25. Jubiläumsfeier geführt hatte.

Ja, es wurde groß gefeiert in der Festhalle in Kahl. Es gab einen Festakt mit geladenen Gästen aus Politik, Wirtschaft und Geschäftspartnern. Am Morgen des 20.05.1988 ging es los mit einer Festrede. Der Geschäftsführer von Hebel Alzenau sprach die bedeutenden Stationen der Entwicklung des Werkes an. Am Schluss seiner Rede ermunterte er, Innovationen und guten Ideen seien keine Grenzen gesetzt. Ein Fachvortrag zum Thema Bauen und Gesundheit schloss sich an.

Nach einem Mittagsmenü klang die offizielle Festveranstaltung in Kahl aus. Am Abend ging es in die Räuschberghalle in Hörstein. Zu dem Unterhaltungsabend waren auch die Partner der Mitarbeiter eingeladen. So füllten fast 1.000 Menschen den Saal, als das Programm mit den Ansprachen vom Direktor und dem Geschäftsführer begann. Beide Herren verließen das Mikrofon nicht, ohne allen Mitarbeitern für ihre Einsatzbereitschaft und ihr Engagement zu danken. Worauf die Leistung und der Erfolg des Unternehmens in den vergangenen 25 Jahren beruhten. Ein besonderer Dank ging an die »Männer der ersten Stunde«, die auch im Verlauf des Abends besonders geehrt wurden.

Immerhin sind heute noch 26 Mitarbeiter im Unternehmen beschäftigt, die damals die Pionierzeit miterlebt hatten. Für ihre Treue erhielten sie ein Präsent als Dankeschön. »Und ich war dabei«, lächelte ich in Gedanken. Wie war es eigentlich mit dem Jubiläums-Quiz? Hätten Sie gewusst, dass ein Hebel-Stein das Gewicht von 9 Dickhäutern aushält? Eine Augenweide war der Anblick des 20 Meter langen kalten Buffets. Aber die berüchtigte Schlacht am kalten Buffet fand nicht statt. Bei einem Tänzchen konnte man die Kalorien wieder abbauen. Eine rundum gelungene Feier: »Danke an die Firma Hebel. Es gibt Arbeit und gutes Brot.«

Potz Blitz, jetzt aber zu meinen eigenen Problemen zurück. »Hoffentlich wird es kein Problem«, dachte Tim.

Renate rief mir beim Gehen aus der Küche zu: »Die Sekretärin deines Chefs hat soeben angerufen. Dein Urlaub ist genehmigt. Alles gut.«

»Oh, Liebes, ich vergaß, meinen eingereichten Urlaubsschein abzuholen. Mein Chef ist klasse«, meinte ich.

»Dann steht der Reise nichts mehr im Weg?«

»Nein!«

Da freute sich Renate und huschte in die Küche zurück, wo es dampfte und brutzelte.

Aber jetzt meinen Computer auf Empfang schalten. Um die besagten Tickets für Afrika zu buchen. Der Tag X kam und wir beide mussten sehr früh aufstehen. Es war gerade Mitternacht vorbei, zwei Uhr morgens. Ich knipste das Licht an und schaute mit großen, ausgeschlafenen Augen zu meiner besten Seite. Dabei musste ich mich noch auf die linke Seite umdrehen. »Liebes Renatchen!« Dabei klang meine Stimme noch etwas heiser. Ich räusperte mich kurz. »Es ist so weit. Aufstehen!«

Da blinzelte mich meine Frau ganz verträumt und verschlafen an. »Was, jetzt schon? Ich bin noch so müde.«

»Ich höre wohl nicht richtig. Du, es ist Afrika-Zeit. In einer Stunde kommt unser bestelltes Taxi. Renate, nun aber hurtig aus den Federn!«

Es ging noch alles langsam und leise zu. Wir zwei hingen noch dem schönen, molligen Federbett nach, was ja auch verständlich war. Ich war schon etwas wacher und machte mich sofort an der Kaffeemaschine zu schaffen. »Schau her, erst mal eine Tasse Kaffee mit Milch. Zucker magst du ja nicht.«

»Nein danke!«, gähnte sie herzhaft. Langsam begannen die Lebensgeister in ihr zu wirken.

Es hupte zweimal kurz hintereinander. »Na, das ist bestimmt das Taxi.« Schnell meinen Kamerakoffer mit wertvollem Inhalt in die Hand genommen und wir eilten zur Treppe nach unten. Renate schnappte sich ihren Kosmetikkoffer, der bereits in der Diele stand. Das Haus gut verschlossen, drehte ich mich dem freundlichen Taxifahrer zu. Die Türen waren weit geöffnet, zum Einsteigen bereit.

Er grüßte mit lautem Ton und einem fröhlichen »Guten Morgen!« Er nahm uns sofort die beiden kleinen Koffer aus der Hand. Lud sie perfekt in den geräumigen Kofferraum des Mercedes ein. Renate war ein Morgenmuffel und stand nur so da, sprachlos. Er aber war sehr geschäftstüchtig und voller Energie. »Na, wo soll es denn hingehen?«, fragte er mit Augenzwinkern. Schaute dabei fest auf meine Person.

»Zum Flughafen nach Frankfurt«, antwortete ich.

Renate saß schon im Auto. Ich setzte mich entspannt dazu. Dann starteten wir und er drehte den eingesteckten Autoschlüssel herum.

Das Auto setzte sich mit leisem Surren in Bewegung. Zügig fuhr er uns durch die sternenklare Nacht. Nur die Scheinwerfer leuchteten uns den Weg weit voraus. Kaum Verkehr, der Mercedes lag wie eine Eins auf der Autobahn. Sehr lobenswert. Ich vertraute ihm ganz und gar. Träumend angekuschelt saßen wir auf dem gut gepolsterten rotschwarzen Rücksitz. Wir horchten auf, als aus dem Autoradio Marlenes Song ertönte: »Vor der Kaserne, an dem großen Tor, steht eine Laterne ...« Nach diesem Lied waren wir beide putzmunter. Renate sah auf und meinte: »Schatz, wir fahren soeben zum Flughafen ein.« »Eine gute Stunde Fahrt«, bemerkte sie noch nach.

Emsig und gut gelaunt stiegen wir aus dem Taxi. Hans, unser Taxifahrer, stand bereits mit unserem Handgepäck da. Mit den zwei kleinen Koffern. Das mit den beiden großen Koffern war bereits am Vortag erledigt. Geduldig nannte er mir den Preis von Alzenau nach Frankfurt. Dabei machte er einen wohlwollenden Gesichtsausdruck. Ich griff mit meiner rechten, leeren Hand in die Tasche meiner Lodenjacke. Nahm etwas knisterndes Papier heraus. Faltete es auseinander und stellte fest, dass es eine Riesengabe war. Er wartete höflich, bis ich es ihm reichte. Mit strahlenden Augen dankte er und verneigte sich dabei etwas nach vorne. Eilends mit guten Worten gespickt, sauste er davon. »Ein toller Typ«, dachte ich. »Er versteht es, mit Menschen umzugehen. Als Taxifahrer macht er seinem Namen Ehre.«

Nun standen wir da. Eine kleine Orientierungspause brauchte es schon. Hell erleuchtet, ein Hin und Her von Menschen aller Nationen, Gepäck, Leuchttafeln mit verschiedenen Abflugzeiten, Geschäftspassagen, Kontrollapparate, Dienstpersonal, Polizei und vieles mehr. Es wurde mir plötzlich alles zu viel. Am liebsten wäre ich davon gelaufen. Da, eine klangvolle Stimme, die ich gut kannte. Wir beide drehten uns sofort um und sahen in Gertis Gesicht. Ich war in diesem Moment erleichtert. Die Anspannung sprang von mir.

»Hee, guten Morgen! Ich habe euch bereits gesucht und gefunden. Kommt, wir gehen zum Service. Ralf ist dort, um eine Erkundigung über die Maschine einzuholen. Es interessiert uns.« So liefen wir Gerti nach und mussten uns sputen. Denn: Sie war sehr sportlich unterwegs, um an den besagten Schalter zu kommen. Einen Gang vor, den anderen zurück.

Ralf stand beglückt an der rechten Seite des Schalters und winkte mit einem Prospekt. »Hallo, mein Sportsfreund!«

»Ja, ebenso«, begrüßten wir Männer uns sportlich.

»Dann – nichts wie hin, Tim, zum Schalter«. Ralf ging nochmals einen Schritt zur Seite, damit der Weg für mich frei war. Das Flugprospekt endlich in meiner Hand, liefen wir zwei Paare los. Ich dachte, wir könnten uns in ein stilles Eckchen zurückziehen. Da begann Ralf zu dirigieren: »Ein kühles Gläschen Sekt genehmigen wir uns, bis unser Abflug aufgerufen wird.« Aufmerksam schauten unsere Augen.

Da ein begeisterter Pfiff von Renate: Sie zeigte auf eine

grasgrüne Samtsitzgruppe, mit glitzernden Sternchen besetzt. Sofort belagerten wir diese. Die elegante Dame bemerkte, dass Kundschaft da war. »Ich komme gleich!«, rief sie uns laut zu. Ihr eng anliegendes Silberkleid funkelte in allen Farbtönen. Wie ein echt gespannter Regenbogen. Wunderschön! »Was darf ich den Herrschaften bringen?«, fragte sie. Ich war noch zu benommen von ihrer Schönheit. Schlank und reizend brünett. Ich stotterte: »Oh ja, vier mal Sekt!«

»Bitte, gern!« Und sie lief mit ihren leichten silbernen Schlipp-Schlapps davon. Es dauerte nicht lange, bis sie wiederkam, in der Hand ein Tablett mit vier prall gefüllten Sektgläsern. »Bitte sehr, auf einen guten Schluck!« Sie teilte die Gläser gekonnt und perfekt vor uns aus. Ich erhob mich, mein Glas in der rechten Hand: »Für eine mit Abenteuern gespickte, glückliche, gesunde, in Erwartung erfüllte Afrikareise!« Blickkontakte und Kopfnicken dankten mir. Die Gläser klangen, der erste Schluck erfrischend lecker, wohl eine erlesene Traubensorte, prickelnd auf der Zunge. Im Geschmack eine Vorstellung von sonnengereiften, auserlesenen Weintrauben sowie voll ausgereiften Pfirsichen. Einfach himmlisch! Ich sah dabei in mein halb volles Glas, da purzelten die Sektperlen freudig umher.

So waren wir vertieft im Gespräch, als der Lautsprecher uns aufhorchen ließ. »Flug XXL21 bitte zum Abflugschalter!« Nun war es so weit. Mit einem Blick in erwartungsvolle Gesichter ergriff man sein Handgepäck. Unsere Koffer befanden sich bereits im Flugzeugbauch. Wir gingen durch die Sperre. Alles in bester Ordnung:

Papiere, Handgepäck, etc. Eine junge Dame vom Boden-personal kam auf uns zu. »Folgen Sie mir bitte nach, ich führe Sie zu Ihrem Flugzeug!«

Es ging durch einen kleinen Tunnel, der nicht gut beleuchtet war. Es flackerten nämlich drei Leuchtröh-ren und dies war sehr unangenehm. »Man muss sie drin-gend austauschen«, meinte sie beim Gehen und zückte ihren Meldeblock aus der braunen Umhängetasche. Und schrieb sofort die genannte Meldung. Beim Heraustre-ten aus dem Tunnel sahen wir mit Freude auf unser wartendes Flugzeug. Die temperamentvolle Lady ver-abschiedete sich und wünschte einen guten Flug. Sie ging. Da drehte ich mich nach ihr um. Wollte unbedingt ihren langen Zopf mit rosa Schleife bewundern. Der bis zu ihrem Gesäß reichte. Meine Frau rief: »Komm, wir gehen!« Da bemerkte ich, dass der Zopf mich gefesselt hatte für ein paar Augenblicke. Nun wurden wir auf der Gangway von einer etwas älteren, sehr gepflegten Ste-wardess erwartet. Eine kleine Gruppe von ungefähr 45 bis 50 Personen stand schon um sie herum. Alle Augen auf sie gerichtet. Kurzes Räuspern, als hätte sie einen Frosch verschluckt. Mit fester, klarer Stimme zu uns, die rechte Hand zeigte nach oben. »Darf ich bitten?« Nach-einander und präzise ging es die Gangway-Treppenstu-fen hoch, direkt in den geräumigen Sitzraum hinein. Sie aber strahlte uns so an, dass wir nicht die kleinste Flug-angst mehr spürten.

Als alle Passagiere eingestiegen und die zugewiesenen Sitzplätze eingenommen waren, Begrüßung durch ihr Handmikrofon. Sowie allerlei nützliche Tipps, wenn die

Stunde X einträfe usw. Am Schluss ihrer Rede: Das wäre alles nur pro forma gewesen. »Meine lieben Fluggäste, es braucht keiner Angst zu haben. Das Flugzeug ist bestens für Ihre Sicherheit gewartet. Nun kümmere ich mich um Ihr leibliches Wohl. Bitte legen Sie sich ganz entspannt zurück. Genießen Sie den schönen Flug!« Dankes-Klatschen setzte ein für die bewundernswerte Stewardess.

Flugkapitän Fox meldete sich aus dem Cockpit. Er stellt die Crew und sich vor. Erzählte, wie oft er schon die Maschine geflogen hatte. Alles gute, gelungene Flüge. »Das Wetter ist günstig, kaum Wind. Es wird ein ganz normaler Flug werden. Gurte anlegen! Ist bereits von meiner Stewardess Loki erklärt worden. In zwei Minuten werden wir starten. Wünsche uns einen angenehmen Flug! Muss mich jetzt den Anordnungen des Towers fügen. Wir stehen bereits auf der Startbahn, ist aber noch nicht freigegeben. Melde mich wieder aus dem Cockpit, wenn wir in den Wolken sind.« Nach einer Weile glückliches Aufatmen. Stürmischer Beifall für Kapitän Fox und seine Crew. Ein perfekter Start. Jetzt glitt das Flugzeug ruhig und fast ohne Klappern sowie lästige Windgeräusche über den Wolken dahin. Entspannung war angesagt oder nur so dahin dösen.

Nach einer Zeit, ich weiß nicht wie lange, kam ein merkwürdiger Duft an meine Nase. Ich blickte auf und sah ein lächelndes Gesicht. In der rechten Hand eine frisch gebrühte Tasse Kaffee. Auf einem Tablett duftende Teighörnchen und Kleingebäck. Es kam so eine richtige Zufriedenheit in mir hoch. Kaum konnte ich den ersten Schluck abwarten. Da machten sich die anderen drei bemerkbar. Sie schliefen fest und gut. Ein Recken und Strecken begann um das köstliche süße Gebäck. Renate sah mich an, rückte näher und gab mir einen herzhaften Kuss. »Na, es war ein guter Gedanke von dir.« Da wuchs mein Ego und ich fühlte mich sehr geschmeichelt. Zuzwinkern, Nicken von Gerti und Ralf. Nach dieser leckeren Zuwendung wurde nochmals ein kleines Nickerchen gehalten, denn wir vier waren bereits seit zwei Uhr früh auf den Beinen. Ich sinnierte so dahin, bemerkte: »Was sind das für komische Geräusche? Es regnet doch nicht, oder?« Langsam öffnete ich meine Augen. Sah zum Fenster, dabei neigte ich meinen Kopf etwas vor. Nichts war zu sehen, nur dicke, graue Wolken. Mein Renatchen und die Freunde träumten noch.

Da, plötzlich ein lautes Krachen. Sofort waren die Menschen hellwach. Jeder schaute erschrocken. »Was ist los?« Angst machte sich breit. Ich dachte an Gott, fing ein Vaterunser zu beten an. Da meldete sich Kapitän Fox zu Wort. Er sprach zu uns, als wären wir kleine Kinder. Ganz behutsam. Dann kam erst die Aufklärung: «Ja, meine Damen und Herren, wir fliegen gerade durch ein kleines Gewitter. Ich habe sofort korrigiert und fliege einen großen Bogen um das störende Gewitter herum. Es wird uns nicht mehr betreffen. Der Flug wird ruhiger. Das verspreche ich.« Durchatmen war zu spüren und es kehrte doch wieder die erholsame Ruhe ein. Gott sei Dank!

Die Frau vor uns mit der Sitznummer fünfzehn packte Schokolade aus. Bestimmt um ihre aufgereizten Nerven zu beruhigen. Meine Frau fing an zu lesen. In einem Mode-Magazin, das sie noch schnell vor dem Flug gekauft hatte. Gerti und Ralf plapperten begeistert aus ihrer letzten Bergbesteigung, dem Wilden Kaiser. Aber den nächsten Berg wollte man noch höher besteigen. Ja nun, ich musste mich alleine beschäftigen.

Da kam mir die Idee, es mit einem Film zu probieren. Schaltete hier und da, doch es gefiel mir nichts. Mein Geschmack war nicht dabei. Ein hitziger Western käme mir recht. »Ach, ich werde zur Toilette gehen.« Auf dem Weg dorthin fiel mein Blick auf eine Nische vor der Toilette. Ein kleines Eckchen mit Büchern. Aufmerksam sah ich die Bücher an. Dabei entdeckte ich ein größeres Buch. Zog es heraus und sah auf eine Giraffe mit der Aufschrift »Afrika!« Mir wurde ganz heiß in meinen Fingern. Jetzt hatte ich doch glatt das Richtige gefunden. Beim Gehen in Richtung zu meinem Sitzplatz schaute ich auf meine Armbanduhr. Wir waren bereits seit zwei Stunden am Fliegen. Aber nach Afrika dauert der Flug etwas länger. So kam mir die Zeit gerade recht für mein Buch. Schlenderte weiter bis zu meinem Platz.

Oh, da standen Köstlichkeiten wie in einem Schlaraffenland. Ein paar kleine Schnittchen. Sehr fein angerichtet. Es lief mir das Wasser im Munde zusammen. Ich setzte mich und schaute begeistert auf meinen Teller. Renate meinte: »Probier den Lachs, der ist vorzüglich! Mit einer Mandel-Meerrettich Creme.«

»Das werde ich tun«, und ließ es mir so richtig schmecken.

»Aber sag, wo warst du so lange? Ich hatte dich vermisst.«

»Auf dem Weg zur Toilette bin ich an einer kleinen Nische hängen geblieben. Mit tollen Büchern! Eines davon fiel mir in die Finger. Schau, hier ist es: Afrika!«

»Ja, schön.«

»Finger weg, es ist meins. Ich tauche jetzt ein und bin erst mal weg. Bis später, Liebling.«

Das Buch, es hielt mich fest. Meine Augen überflogen die erste Seite. Von Professor Grünewald geschrieben, sehr fachlich ausgedrückt. Er lebte viele Jahre in Afrika. Sein großes Wissen waren die Löwen. Verfolgte ihre Fährten kreuz und quer durch Afrika. Sah ihre Babys aufwachsen, was gar nicht einfach zu beobachten war. Lernte, wie sie ihr Opfer aufspürten, um es zur Strecke zu bringen. Dann in aller Ruhe sich über das erlegte Tier hermachten. Sie ließen keine anderen Löwen an ihre Beute heran. Bis das Tierfleisch gefressen war und nur noch die Knochen übrig waren. Die Geier kreisten schon lange über der Beute. Jetzt kamen sie ans Ziel. Professor Grünewald forschte über einen ausgewachsenen Löwen: wie lang, wie groß er wird und wie schwer. Seine Verhaltensweise auch mit anderen Tieren. Er ist der König der Wildnis. Ich blätterte eine Seite zurück. Da gab es eine tolle Fotografie vom König Löwe. Nämlich einem weißen Löwen. Den gibt es nur sehr selten zu beobachten. Ein paar leichte schwarze Streifen über seinem Rücken. Fast nicht erkennbar. Seine Augen waren klar und deutlich auf Abenteuer eingestellt.

»So, nun ist das Buch zu Ende. Bin schlauer geworden. Dank an Professor Grünewald, der es schrieb.«

Renatchen merkte, es war zu Ende gelesen. Ein Greifen und es war aus meinen Fingern. »Liebes, schreib doch bitte die Buchadresse auf. Damit wir es zu Hause kaufen können. Gib es Ralf, er ist darauf gespannt wie eine Wäscheleine!«

»Wenn du meinst.«

»Aber ja!« Ralf nahm es dankend an.

Ich sah mich um. Etliche Fluggäste schliefen. Außer Ralf, er steckte tief mit seiner Nase in Afrika. Das Buch, es hatte ihn erwischt. Unsere Frauen waren bei einer jungen Mutter. Die zum ersten Mal mit ihrem Baby Annabella flog. Zu ihrem Mann, der als deutscher Anthropologe in Afrika tätig war. Nun kamen meine Gedanken zurück. Schloss meine Augen, war bei meinem Vater. Was für eine aufregende Zeit mit ihm in Afrika. Die Vergangenheit sollte ruhen. Sie war schön. Ich öffnete mich für das neue Leben.

Eine Stimme ertönte, es war Kapitän Fox. Er begann: »Unser Flug verläuft gut. Um 13.25 Uhr werden wir landen. Da haben Sie noch eineinhalb Stunden Zeit. Unsere Stewardess kommt gleich mit einem kleinen Mittagsschmankerl. Ich werde auch gleich Mittagspause halten und mich später bei Ihnen melden. Finn, mein Copilot, übernimmt.« Neben mir Gähnen, Husten, freudiges Klopfen auf die Oberschenkel. Die Drei strahlten mich an: »Wir sind bald da!«

»Wunderbar«, freute ich mich auch. »Ah, das leckere Schmankerl kommt.« Das stärkte die gute Laune noch mehr. Ralf legte das Buch zur Seite, begründete: »Das schaff' ich jetzt nicht mehr. Sehr spannend. Da hat mein Sportsfreund Recht.« Wir genossen. Danach packten wir unsere Siebensachen, die so herumlagen. Die Uhrzeit war vorgerückt, die Landung war in Sicht.

Eine freudige Unruhe kam in uns auf. Wir fingen das Rätselraten an. Wer uns wohl abholen kam? Bob oder Nagrah. Gerti äußerte: »Es ist egal, Hauptsache jemand ist da.«

Rauschen und Knattern, Kapitän Fox meldete sich. »Habe soeben vom Tower die Erlaubnis bekommen zum Landen. In etwa drei Minuten sind wir auf der Landebahn. Bitte Gurte anlegen! Ich fliege noch eine Schleife, dann geht es runter.«

»Na, hoffentlich bekommt er eine gute Landung hin«, bemerkte ich.

»Das glaube ich«, betonte Ralf kräftig.

Es wurde immer lauter und es war, als würde es holpern. Bis wir es richtig mitbekamen, setzte schon der Beifall ein. Kapitän Fox wünschte mit seiner Crew einen schönen, spannenden Aufenthalt. Und dass die Löwen nicht zu nahe kämen. Der Kapitän und die Crew hatten alles bestens gemeistert.

»Nun, lass uns aufstehen«, meinte meine Frau. »Los, los!« Da ergriffen wir unser Hab und Gut und gingen zum Ausstieg. Da stand sie wieder, die Nette mit ihrem schönen Lächeln. Wir bedankten uns nochmals für den gelungenen Flug. Ich griff blitzschnell in meine grüne Hosentasche, zog einen Schein aus meiner Geldbörse. Reichte ihn der Stewardess: »Für die Flugcrew. Eine Belohnung für den guten Flug.« Sie bedankte sich höflich und steckte den Geldschein in die Tasche ihrer blauen Hose.

Als wir die Flugzeugtreppe nach unten stiegen, folgten wir den anderen Passagieren zum Einreiseschalter. Unsere Pässe wurden geprüft und mit einem Einreisestempel versehen. »Angenehmen Aufenthalt!«, wünschte uns der freundliche Beamte und wandte sich schon den nächsten Passagieren zu. Das ging ja fix! Jetzt noch unser Gepäck abholen und durch den Zoll, dann haben wir die Einreise geschafft.

Unsere Koffer waren schon von Weitem an ihrem dicken roten Punkt zu erkennen, auch Gerti und Ralf hatten an Markierungen gedacht. Vorbei an den Zollbeamten strebten wir zum Ausgang. Endlich angekommen!

Sogleich bemerkten wir ein auffälliges Auto. Einen kleinen Zebrabus. Daneben stand Nagrah.

Sie winkte mit einem orangenen Tuch uns zu. Die Haare in ein buntes Tuch gebunden. Trug ein langes, aufwallendes Kleid, bedruckt mit einer Giraffe vorne und hinten. Jetzt waren wir in Afrika! Große Freude. Zogen die Luft fest in uns hinein. Ich stürmte auf Nagrah zu, begrüßte sie herzlich. Nach mir wurden Renate und die lieben Freunde mit Namen begrüßt. Mich kannte Nagrah von meinem Vater her.

»Aber wo ist Bob?«, fragte ich.

»Ja, er musste dringend in ein anderes Camp fahren. Eine kleine Giraffe abholen, die erst zwei oder drei Tage alt ist. Die Mutter lässt sie nicht trinken. Uh, das ist schrecklich! Es wird schwierig werden.«

Gerti meinte: »Wenn wir dürfen, packen wir mit an. Um die Kleine auf die Beine zu stellen. Damit sie eine kräftige, große Dame wird. Ist es eine Dame?«

»Natürlich ist es eine Sie«. Kurzes Gelächter.

Unser vieles Gepäck hatte gut Platz in dem Zebrabus. Nacheinander krabbelten wir in den Bus. Nagrah setzte sich mit Schwung hinter das Lenkrad. »Los, Leute. Es vergehen ein paar Stunden, bis wir in unserem Camp sind.« Startete. Fuhr mit langsamer Geschwindigkeit an dem stehenden Flieger vorbei. »Seht, euer Vogel hat euch gut hierher gebracht.« Um ihn herum Tatendrang, tanken und vieles mehr. »Ja, das muss sein«, meinte Nagrah. »Denn er ist immerhin etliche Stunden unterwegs.« Ralf meinte:« Das ist schon eine gute Erfindung mit dem Fliegen. Wenn ich zurückdenke, wie doch alles angefangen hat. Und viele auf die Nase gefallen sind. Es steckt eine sagenhafte Technik und enormes Ausprobieren dahinter. Bis es soweit war, zu diesem Vogel. Wir müssen dankbar sein, dass wir Menschen so eine Begabung haben. Damit wir uns das Leben leichter machen können.«

»Ja.« Ich bekam Zustimmung von allen Seiten.

»Eine klasse Sache, so ein Flugzeug zu steuern! Ich habe mir so ein Cockpit angesehen, hatte die Gelegenheit in Frankfurt. Da braucht es ein gutes Lernpotenzial und Ausdauer. Aber auch nicht gleich die Flinte ins Korn werfen, wenn es nicht sofort läuft. Es ist noch kein Meister vom Himmel gefallen«, meinte ich noch. Ralf sah aus dem Fenster und stellte fest: »Wir sind ein gutes Stück vom Flugplatz weg.

Nagrah fuhr gut. Es war ein Teil ihrer Arbeit, Gäste vom Flugplatz abzuholen. Die breite Straße war gut befahrbar, deshalb kam sie gut voran. Am Straßenrand ein kleiner brauner Holzpfeil und weiße Buchstaben.

Mit der Aufschrift: Safari Camp. Nagrah reagierte, bog rechts ab. Nun zeigte sich, was ein guter Autofahrer war. Sand, Sand wohin man auch schaute. Gerüttelt und geschüttelt war ab jetzt angesagt. Die Luft war lau, keine einzige Wolke am Himmel zu sehen, ein schönes, helles Blau. Hier und da ein Baum mit riesigen bunten Vögeln darauf. Ich erkannte nur Papageien, die anderen waren mir fremd. Schön anzusehen, ihr buntes Federkleid. Nagrah machte so einen Wirbel, sie flogen weg. Und der Baum war leer. Wir fuhren zwei volle Stunden.

Da sagte Nagrah: »Wir machen eine kleine Pause. Denn fahren hier ist sehr anstrengend! Einen guten kühlen Schluck bedürfte es auch. Ich habe den besten, schmackhaften Tee dabei. Unsere Köchin Arli bereitet ihn mit einer Zeremonie. Wenn Ihr Zeit habt, schaut es euch bitte an. Viele Kräuter braucht es, damit Arli einen Zaubertrank kreieren kann. Ihr werdet begeistert sein! Aber jetzt der Rede kurz«, und ihr Zebrabus stand. »Aussteigen!«, rief sie und lief dabei zum Hinterteil des Autos. Zog die Hecktür auf, um den Zaubertrank zu holen. In einem geflochtenen Bambuskorb befanden sich eine Thermosflasche und Gläser. Gerti half sofort beim Ausschenken. »Nun lasst uns die Probe machen und genießen. Sagt mir ehrlich, wie er euch schmeckt. Bitte nur kleine Schlückchen trinken. Dann zeigt er seine Wirkung am besten«, klärte Nagrah auf.

Renate sah sich den Tee genau an. Die Farbe war grünlich, roch fein nach Gewürzen. Aber keine waren mir bekannt. So trank ich einen kleinen Schluck. Musste feststellen, der schmeckte vorzüglich! Einstimmiges, kraftvolles Ja war zu hören. Wir fühlten uns so richtig frisch, als hätten wir gerade ausgeschlafen.

»Na«, meinte Nagrah. »Habe ich euch zu viel versprochen?«

»Aber hallo, sehr edel und lecker!« Auf die Teezubereitung von Arli waren wir bereits neugierig.

Vor uns tat sich eine mächtige Staubwolke auf. Nagrah rief: »Sofort einsteigen, Fenster und Türen schließen!« Es wurde sehr laut. Stampfende Tierbeine waren nicht zu überhören. Unser Mut sank. »Hoffentlich ist der Bus nicht im Weg«, sagte Ralf. Nagrah gab zur Antwort: »Keine Panik, die kommen vorbei.« Es wurde lauter. Renate suchte Schutz bei mir. Sie schossen rechts und links vorbei. »Das sind Zebras, die Angst haben. Und so ins Galoppieren gekommen sind.« Nach einer kurzen Weile wurde es ruhig. Die Herde Zebras war vorbei gehetzt.

Nagrahs kleiner Zebrabus blieb Gott sei Dank heil! Niemand konnte mehr aus dem Fenster schauen. Überall feinster Sand. »Ja, für diesen Fall habe ich einen Kanister Wasser dabei. Es hilft nichts, aussteigen! Die Fenster müssen gereinigt werden.« Alle packten mit an. So war die Sache gleich erledigt.

»Nun muss ich mehr Gas geben. Damit wir pünktlich am Camp sind. Arli bereitet uns ein gutes Essen.« Gerti frage: »Was gibt es?« Sie antwortete: »Strauß«. Hhm, da rollte sie mit den Augen und meinte: »Da lasse ich mich auf was ein.« Nagrah lachte begeistert auf. »Du gewöhnst dich schnell an andere Fleischsorten. Es schmeckt, was

Arli kocht. Sie achtet bei den Zutaten auf Körper, Geist und Seele.« Darauf friedliches Schmunzeln. »Na, da können wir auf Überraschungen gefasst sein«, dachte ich. »Bestimmt auf schöne und zufriedene.«

Nagrah frohlockte: »Wir sind bald da. Der Weg ist ab hier besser zu befahren.« Es tauchten in der Ferne kleine Häuschen auf. Wir bogen nochmals rechts ein.

Ein großes Schild: »Giraffen Camp«.

»Nagrah, warum heißt euer Camp so?«, wollte Ralf wissen.

»Weil wir hauptsächlich Giraffen aufnehmen. Babys und verletzte Giraffen. Wenn sie wieder bei Kräften sind, geben wir ihnen die Freiheit zurück. Oder es kommt auch vor, dass wir Giraffen für einen Zoo abrichten.«

Nagrah bremste plötzlich, aber wir sahen nicht, warum. Und fragten. »Es kriecht eine Schlange über unseren Weg.«

»Oh, oh, hoffentlich bleibt sie uns vom Hals.«

»Ja, es ist nicht so schlimm hier. Diese ist auch nicht giftig. Aber aufpassen müsst ihr schon. Am besten, ihr zieht eure Stiefel an. Habt keine Angst, die kommen hier am Camp selten vor.«

Nagrah fuhr gelassen weiter. Wir kamen an den ersten kleinen Häuschen vorbei. Bunt angestrichen, überall emsiges Treiben. Da reckte sich ein langer Hals über den Zaun. »Ja, hier seht die erste Giraffe! Es ist Rischi«, antwortete Nagrah. »Er begrüßt alle, die vorbeikommen. Vor einigen Wochen fand Bob Rischi auf einem Sandhügel. 200 m vor unserem Camp. Kniete auf seinen Vorderbeinen. Am linken Hinterteil an der Gesäßbacke klaffte eine große Wunde. Bob fand es merkwürdig, ob er vielleicht gestolpert war? Und konnte nicht gleich aufstehen? Sein Verfolger kam dann zum Biss. Wahrscheinlich war es ein Löwe, so dachte Bob. Er hatte den Verfolger durch sein Kommen gestört. Untersuchte später die Spuren genauer. Eindeutig von einem Löwen. Spurenleser sind bei uns sehr wichtig. Glück für Rischi, dass Bob im richtigen Augenblick vorbei kam. Er rief im Camp an, gab Order, was zu tun sei. Rischi wurde hier hergebracht. Eine große Sache. Er jammerte vor Schmerzen. Unser Tierarzt verabreichte ihm sofort eine Betäubungsspritze. Verarztete ihn und nähte das Loch zu. Wie bei uns Menschen: Hier ist es der Tierarzt, bei uns der Mediziner. Nun geht es ihm bestens, die Wunde ist verheilt. Dank guter Pflege.«

Nagrah kam zum Stehen. »Hier ist euer kleines Häuschen.«

»Prima, das gefällt uns.« Wie eine reife Orange angestrichen. Ein kleines Gärtchen davor mit afrikanischen Holzschnitzereien. Wir stiegen aus.

Nagrah winkte einem kleinen Jungen zu. Als er näherkam, merkten wir, dass er doch nicht so klein war, wie es aus der Ferne schien. Ich schätzte ihn zwischen dreizehn oder fünfzehn Jahre ein. Er kam von einer Gruppe, die Speer werfen übten. Das machten die Jugendlichen hier mit sehr viel Spaß. Die anderen murrten, als er wegging. Er aber war folgsam und hörte auf Nagrahs Worte. »Da bin ich!«

Nagrah sah ihn an. »Oh, das sind unsere Gäste. Könntest du beim Gepäck ausladen behilflich sein?«

»Ah, das mache ich doch gerne!« Mit einer netten Handbewegung. Das war unser Boy. Schu Schu. Wir lachten und freuten uns.

Nagrah sprach weiter: »Unsere Touristen kommen aus Amerika, Afrika, Deutschland. Die Tiere bei uns werden geschützt. Es wird nicht wahllos abgeschossen. Wir haben Leute, die für die Dorfentwicklung zuständig sind. Sozusagen eine Arbeitsteilung. Auch damit die Naturressourcen und unser Reservat geschützt sind.«

»Erstaunlich fortschrittlich«, nickte Ralf zustimmend und Nagrah lächelte.

In der Zwischenzeit packte Schu Schu fest an. Unser Gepäck war bereits ausgeladen. »Aber sag: Wieso kannst du so gut deutsch?«

»Wir haben hier im Camp einen Deutschlehrer. Er kam vor fünf Jahren hier an. Um auf unserem Camp Urlaub zu machen. Und er ist immer noch da. Wir nennen ihn Papa Deutsch. Er ist für uns wie ein Papa. Unternimmt mit uns viel. Sind froh, ihn hier zu haben. Lernen ist cool! Nun muss ich wieder zu meiner Gruppe. Es geht um Punkte, wer am weitesten werfen kann.«

»Dann viel Glück, Schu Schu.«

»Danke«, und er sprang davon.

Nagrah war bereits auch davongefahren. So hatten wir Zeit, uns in dem kleinen Häuschen einzurichten. Renate kam auf mich zu: »Ich bin mit Gerti einig geworden. Mit den beiden Schlafzimmern, das finde ich gut. Denn ich dachte, es gibt ein Problem. Nun, beide sind doch gleich eingerichtet. Vom Wohnzimmer aus eins rechts, das andere links. Ein gemeinsames Wohnzimmer,

Küche und Bad. Wir werden später ein paar Regeln aufstellen, damit alles passt.«

Ich fing zu gähnen an. Meine Frau merkte, hier war jemand stark müde. Setzte den Satz nach: »Ich auch.« Ralf und Gerti bejahten ebenfalls. »Nun lasst uns eine Mütze voll Schlaf nachholen.« Jeder ging in sein eigenes Schlafzimmer um zu ruhen.

Trommellaute drangen an mein Ohr. »Wo war ich?« Ganz verschlafen fing ich langsam an, meine Gedanken zu sortieren. »Ah, ich liege hier im Bett in Afrika. Na klar, meine Liebste an meiner Seite.« Sie schlief noch fest.

Auf einmal lautes Trommeln vor unserem Fenster. Eine Stimme rief: »Um 19 Uhr bitte zum gemeinsamen Dinner!«

»Ja, wir haben es gehört. Danke!«

Meine Liebste rührte sich und streckte die Beine aus der Schlafdecke. »Was ist los?«

»Die Trommel-Einladung besagt: 19 Uhr Essen.«

»Wie spät ist es jetzt?«

Ich suchte meine Armbanduhr, wo steckte sie? Ach, in Gedanken legte ich sie einfach vor das Bett auf den Holzbretter-Boden. Ein klarer Blick: »18 Uhr, Liebling.«

»Das wird knapp.« Ich wollte ihr einen Kuss geben. »Später, Liebster! Jetzt habe ich ein Problem: Was ziehe ich an?« Ja, so ist es eben mit den Frauen. Das ewige, bekannte Wort, das wir Männer so sehr lieben. Aber ich schwang mich sofort aus dem Bett. Denn es wurde wirklich Zeit.

Sie stand vor dem hölzernen Schrankspiegel, probierte dies und das. Da platzte mir das Lachen heraus, es war nervlich. »Wie wäre es mit Partnerlook?«, fragte ich.

»Eine gute Idee!« Gott sei Dank! Das wäre geklärt gewesen. »Aber was meinst du? Stiefelchen?«

»Auf jeden Fall!« Lautes Kichern war zu hören. Gerti und Ralf kamen auch im Partnerlook. »Schaut her, und Stiefelchen. Na dann können wir losgehen!«

Die Schlange war noch nicht aus unseren Köpfen. Wir traten aus dem Häuschen und liefen geradeaus zur Dorfmitte hin. Wo sich noch weitere Häuschen und Bambushütten sowie ein riesiger Lebensbaum, stark im Stamm und Geäst, befanden.

Freudig winkend kam uns Nagrah entgegen. »Hallo! Ihr habt euch passend herausgeputzt.«

»Na ja, man tut, was man kann«, brüstete ich mich.

»Du siehst aber auch gut aus in deinem wallenden weißen, mit Gold bestickten Gewand.«

»Oh, danke für das Kompliment. Kommt mit!«

Und sie ging leichten Fußes vor uns her. Wohl bemerkt mit Sandalettchen und stechend rotlackierten Fußnägeln. Ich sah auf ihre Füße und dachte: »Vielleicht schreckt die Farbe Rot die Schlangen ab. Aber ausprobieren möchte ich es nicht.« Nagrah war da zuversichtlicher. »Hier am Camp gibt es keine Schlangen«, meinte sie zu uns. Sie blieb stehen. »Seht, wir haben uns einen prachtvollen Giraffen-Afrika-Pavillon aufgestellt. Da haben viele Leute Platz. Denn heute ist das ganze Dorf eingeladen. Ein Dankeschön für gute Zusammenarbeit. Hier brauchen sich die Menschen noch! Jeder ist für den anderen verantwortlich. Achtsamkeit, Barmherzigkeit, Gerechtigkeit,

Vertrauen. So soll es auch bleiben. Miteinander reden ist sehr wichtig. Nicht einen Brocken hin werfen wie einem Hund. Ein gutes Verhältnis ist, offen und ehrlich zu sein. Nur so beginnt der Frieden in der Welt.«

Wir kamen näher und ein buntes Treiben empfing uns. In der Mitte – ein paar Meter breit und lang – ein Holztisch. Die schweren Holzstühle mit Zebrafell umhüllt. Überall Kerzen und Fackeln aufgesteckt. Eine herzliche Behaglichkeit strahlte uns an. Zur Seite hin eine lange Tafel mit verlockenden Köstlichkeiten. Arli winkte uns zu. Ja, sie war heute die wichtigste Person für diese raffinierten Leckereien. Natürlich brauchte es auch fleißige Helfer.

Nagrah wies uns an, die paar Holzstufen hochzusteigen. Oben am Tischanfang Platz zu nehmen. Sie selbst blieb bei den jungen Burschen stehen. Die für eine musikalische gute Stimmung zu sorgen hatten. Wir stiegen langsam die Stufen hoch und nahmen unsere Plätze ein. Vor uns schön angerichtetes Essen. Ja, das Auge isst bekanntlich mit.

Von dieser Tafel abgelenkt, merkte ich nicht, dass Bob sich schon dazu gesellt hatte. Als ich mich umdrehte und ihn erblickte, da war die Freude groß!!! Umarmung und Vorstellung meiner liebsten Frau sowie meiner Freunde. Nach unserer großen Freude nahmen wir wieder gemeinsam Platz. Fingen an, Neuigkeiten auszutauschen.

Da erschien Nagrah mit ihrem wallenden Gewand. Das ich heute so gerne an ihr sah! Sie ging zu Bob, meinte: »Ich werde eine kleine Rede halten.« Die Getränke sprudelten bereits in den Gläsern. Nagrah erhob ihr Glas. Sie versuchte, sich Gehör zu verschaffen. Indem sie mit der Gabel an das Glas klopfte. »Bitte mal herhören!«, begann sie laut und deutlich zu sprechen. Alle verstummten, blickten Nagrah gespannt an. »Ja, ich habe euch heute zum Festessen eingeladen. Um mich zu bedanken für tatkräftige, bewegte Mitarbeit. Ich kann mich auf euch verlassen! Sonst würde hier in dem Camp nichts laufen. Danke, dass wir eine große Familie sind und gut zusammenarbeiten.« Das Glas noch in der Hand. »Meine lieben Mitarbeiter und Freunde, stoßen wir an. Trinken auf das, was wir uns erarbeitet haben. Noch einen Schluck auf die Arbeit, die uns erwartet. Und jetzt: Das Buffet ist eröffnet. Danke für eure Aufmerksamkeit!«

Jubelnder Beifall setzte ein. Bob stand auf, nahm seine Frau in den Arm. »Meine tolle Liebe! Das hast du glänzend gemacht!

Ich dachte so bei mir: »Die Zwei sind ein schönes Paar!« Leise Trommeltakte setzten ein. Wir holten uns etwas von den Leckereien auf die Teller.

Bob setzte sich zu uns. »Meine Freunde, habt ihr die Köstlichkeiten von Arli probiert?«

»Welche? Es schmeckt alles sehr gut.«

»Ich verrate euch das Besondere. Mit Straußeneiern und Straußenfleisch. Schaut auf meinen Teller. Sieht das nicht gut aus?«

»Aber ja. Malerisch angerichtet.«

»Es schmeckt auch so!«

»Du hast uns überredet. Auf geht's zum Nachfassen. Wo haben wir bloß unsere Augen gehabt. Schön kunstvoll!«

Bob grinste, sagte: »Ist aber alles zum Essen gedacht.«

Renate gestand: »Ich getraue mich nicht, davon was abzuschneiden.«

»Doch, greif zu!«

Gerti holte tief Luft: »Gebt mir eure Teller, ich mach' das hier!« Sie angelte sich ein großes Messer und legte los. Mein Teller war der erste. Schnitt hier und dort, richtig gekonnt. »Ihr habt alle was?«

»Ja.« Glück strahlte aus unseren Augen. Zurück am Tisch und Platz, stellten wir die Teller vorsichtig ab.

»Probiert endlich!«, sagte Ralf.

»Los geht's, die Gabel in die rechte Hand!«

Vorsichtig begannen wir zu essen. Wir genossen, man sah es in unseren Gesichtern. Fein, fein, so was hatten wir noch nicht gegessen. Ralf nahm sein Glas zur Hand: »Trinken wir auf Arli, sie ist die beste Köchin.«

Gerti sagte: »Jetzt weiß ich auch, wie Strauß schmeckt.«

Bob kam zurück in Begleitung mit dem Tierarzt Tom.

»Na, hat es euch gemundet, Arlis Kunstwerk?«

»Sehr sehr gut! Wir sind rundum rund geworden.«

»So tragisch wird es auch nicht gleich sein. Aber Hand auf's Herz, Arli ist eine Perle.«

»Das ist sie, ja!«

»Ihr seid bestimmt neugierig auf unseren Neuankömmling. Die kleine Giraffe.«

»Ja, brennend heiß!«

»Leider wollte die Mutter von der Kleinen nichts wissen. Sie hat ihr die Milch verweigert. Es ist sehr schwierig, ihr was zu geben. Ihr Lebenswille hat sich noch nicht so stark durchgesetzt. Mühsam, mit kleinen

Schritten, kommt sie auf den Geschmack. Wir geben ihr Stutenmilch. Tom hilft kräftig mit. Die Kleine liegt mir sehr am Herzen. Sie braucht viele, liebe Streicheleinheiten. Wenn es nötig wird, bekommt sie auch Aufbauspritzen. Ich habe ein gutes Gefühl. Sie wird es auch so schaffen. Wir beide, Tom und ich, fahren jeden Tag unsere Tour. Die Tiere müssen beobachtet werden.«

»Als Tierarzt bin ich sehr gefragt. Verletzte Tiere aufzugreifen, um sie zu verarzten. Da muss ich mit meiner Betäubungsspritze genau zielen können.«

»Wie machst du das, Tom?«, fragte Gerti.

»Ja, da gibt es ein spezielles Gewehr. In ein langes Rohr legt man die Spritze ein. Mit ruhiger Hand, einem scharfen Blick das Ziel im Auge, Schuss!

Vor zwei Wochen hatte ich einen Elefantenmann zu verarzten. Bis ich das hingekriegt habe, lief mir der Schweiß. Nämlich die Haut ist dick, da prallten einige Spritzen ab. Er blieb auch nicht stehen, sondern rannte närrisch davon. Es war eine schweißtreibende Verfolgungsjagd. Endlich war er so weit, fiel auf die Seite und blieb liegen. Dann muss es schnell gehen. Unsere Leute packten fest mit an. Sein rechter Stoßzahn hatte sich etwas aus dem Fleisch gerissen. Sehr wahrscheinlich bei einer Rangelei. Die Arbeit verlief gut. In einer halben Stunde stand er wieder fest auf seinen Beinen.«

»Oh, da ist ja allerhand los.«

»Ja, ja, es wird uns nicht langweilig«, bemerkte Bob.

»Morgen früh um 4 Uhr fahren wir auf Tour. Wenn ihr interessiert seid, nehme ich euch gerne mit. Einen Sonnenaufgang beobachten und so manches mehr.«

»Klar, abgemacht, wir freuen uns!«

»Wer ist von euch ein guter Fahrer?«

Ich rührte mich: »Das übernehme ich! Habe hier schon etliche Erfahrungen gemacht.«

»Einverstanden, Tim. Ok, hier unser Treffpunkt.«

»4 Uhr«, wiederholte ich.

»Nach der Tour nehme ich euch allesamt zur kleinen Giraffe mit.«

»Prima, Tom, wir können es gar nicht abwarten.«

Lautes Trommeln und Gelächter ließen uns aufhorchen. Die jungen Burschen waren so richtig in Fahrt! Rhythmischer Beifall! Ein Bursche tanzte gekonnt mit gebeugten Knien unter der Stange durch. Die Stück für Stück niedriger gehalten wurde. Andere wiederum machten mit Fackelspielen ihre Späße.

»Bitte lasst uns bei den lustigen Burschen noch eine Zeit lang verweilen. Bob, könntest du die Gläser nachfüllen? Keinen Tropfen im Becher mehr«, sang Renate. Der Durst plagte uns.

»Aber ja, zu Befehl!«, und eilte schnell davon, um den besten Tropfen zu besorgen. Angefeuert durch die Burschen, klatschten wir und probierten den neuesten Hüftschwung aus.

Nach einer Weile intensiver sportlicher Betätigung fragte Gerti: »Bob, sag mal, ich finde Nagrah nicht.«

»Oh, sie ist vor einer halben Stunde gegangen. Die Augen fielen ihr vor lauter Müdigkeit zu. Sie schläft bestimmt schon. Es war heute ein anstrengender Tag für sie.«

»Ach, nun ist es schon spät. Lasst uns gehen, der

Abend war berauschend schön. Danke Bob. Jetzt müssen wir etwas schneller schlafen. Bye-bye.«

Keine Angst vor der Dunkelheit. Fackeln beleuchteten uns den Weg. Der Himmel hoch über uns war voll mit Sternen übersät. Und wir freuten uns auf das schöne Bett.

Am nächsten Morgen. Es klingelte was. Ach ja, der Wecker! »Wie zu Hause«, überlegte ich. »Nur, wir sind nicht daheim, sondern hier.« Ich drehte mich um und meine Frau stürmte auf mich zu. Gab mir einen hingebungsvollen Morgenkuss. »Da«, dachte ich. »Was wird das?« Aber die Ernüchterung kam sofort. Mir fiel ein: »Liebling, wir sind mit Bob und Tom auf Tour verabredet. Hopp, hopp, Pferdchen lauf Galopp, raus aus dem Bett.«

»Das fängt ja lustig an«, bemerkte sie. Wollte aber nicht muckig sein, denn sie wusste, wie sehr ich mich freute. »Freude steckt ja angeblich an«, sprach sie und beeilte sich.

Kurz vor 4 Uhr brachen wir auf. Alle in Stiefeln, Hosen, Jacken und Kappe. Wir durchquerten das Camp. Keine Menschenseele zu sehen. Der Morgenaufgang kündigte sich langsam in einem helleren Graurosa an. Nur der Dorfbrunnen plätscherte lustig vor sich hin. Kein Mensch holte Wasser. Es war noch zu früh. Wie in einem tiefen Dornröschenschlaf lag das Dorf. Ich stellte mir vor, wie der Koch seinem Lehrling soeben die Ohrfeige austeilen wollte. Mit ausgestreckter Hand, die stehen blieb.

In guter Stimmung trafen wir auf Bob und Tom. Nach dieser munteren Begrüßung fragte Bob: »Habt ihr gut geschlafen und was Nettes geträumt?«

»Alles bestens, nichts von Schlangen«, kam die Antwort wie aus einem Chor.

»Dann kann es sofort losgehen.«

Die Morgenkühle ließ unsere Glieder noch nicht so gelenkig erscheinen.

»So, Tim«, sagte Bob. »Hier dein Autoschlüssel für diesen Jeep. Haltet euch bitte in meiner Nähe auf, damit wir nicht den Kontakt verlieren. Eine freudige Nachricht! Arli hat für jeden von uns ein Lunch-Paket gerichtet. Dass wir weder Durst noch Hunger erleiden müssen. Dank sei Arli!«

Motoren heulten auf! Es ging los. Große Scheinwerfer wurden eingeschaltet, damit der Weg gut sichtbar wurde. Bob fuhr zügig voraus, ich folgte ihm. Man merkte, dass ich den Jeep gut im Griff hatte. Hier und da ertönten Tierstimmen, die uns leider unbekannt vorkamen. Ansonsten war es noch sehr ruhig. Soeben fuhren wir an einem Affenbaum vorbei. Die mit ihrer Morgentoilette beschäftigt waren. Kleine, wuselige Affen. Am Horizont kämpfte sich in einem prächtigen Feuerball die Sonne hervor.

Bob gab uns Zeichen. Er fuhr auf einen naturgewachsenen, festen Sandhügel. Die Jeeps kamen zum Stehen. Bob stieg aus. »Von hier könnt ihr den Sonnenaufgang besser beobachten.« Unsere Blicke schweiften über die weite Wildnis. Sahen auf Häuser-Ruinen aus der Zeit der Farmer. Die hier Rinderzucht betrieben hatten. »Ja«, sagte Bob. »Dies war eine kleine Siedlung. Man sieht es an den Mauerresten noch.« Die Sonne schob sich immer mehr zum Himmel hoch.

Es war ein freudiges Ereignis, das uns hier geboten wurde. Ich dachte so bei mir: »Gott hat eine schöne Welt erschaffen. Jedes Tier, und ist es noch so ein kleines Insekt, hat seinen Platz auf Erden. Dank sei Gott, dem Schöpfer für all seine Gaben. Ihm sei Ehre in Ewigkeit! Amen.«

Plötzlich stand die Sonne hoch am Himmel und schaute feurig auf uns. Die Tiere bekräftigten ihr Lebensgefühl, indem sie lauter wurden.

Bob und Tom wollten weiter fahren zu einer Hütte. Bob rief mir zu: »Lass einsteigen!« Nach einer halben Stunde blieb Bob erneut stehen, stieg mit Tom aus. Mit Gewehr und Fernglas war er jetzt ausgerüstet. Winkte, wir durften langsam und leise folgen. Gerti und Renate war es sehr mühsam. Immer wieder sackten sie im Sand ein. Wir kamen an Büschen und Hecken vorbei. Bäume gab es nur vereinzelt. Es wurde uns ganz schön warm. Die Luft regte sich nicht, kein Wölkchen am Himmel.

Da blieben Bob und Tom hinter einer gut getarnten Hecke stehen. »Kommt näher!« Bob nahm sein Fernglas, hielt es vor die Augen. Tom griff sich das Gewehr. Spannend und aufregend. Renate zitterten schon die Knie. Da machte Bob eine Handbewegung zu mir, überreichte mir sein Fernglas. »Schau durch, vorne über dem Hügel links, da ist sie.« Ich zuckte mit den Schultern. »Wer, ich sehe nichts.« Auf einmal erkannte ich das Tier! Mensch, ein Löwe und zwei Babys. Die Zwei fühlten sich sicher und spielten um ihre Mutterlöwin herum.

Ich reichte das Fernglas weiter. Damit jeder dieses drollige Tierverhalten beobachten konnte. Bob mahnte zur Weiterfahrt. Er ging zu unserem Jeep zurück. Aber sachte und leise, nicht die Mutter mit ihren Kindern stören. So nahmen wir die Fahrt wieder auf, um an Kungas Hütte zu gelangen. Nach einer Stunde Fahrt waren wir da.

Eine interessante Hütte stand vor unseren Augen. Überall waren Jagdtrophäen aufgestellt oder aufgehängt. Wir stiegen langsam aus unseren Jeeps. Denn unsere Knochen taten schon etwas weh. Vom vielen Rütteln und Schütteln. Aber wir vergaßen schnell unsere Schmerzen. Ein bärtiger, kräftiger Mann kam auf uns zu. Bob und Tom begrüßten ihn heftig. Die Freude war groß! Unser Ranger stellte uns vor, dass wir aus Deutschland wären. Und gerne mit ihm auf die Jagd gehen würden. »Tim möchte zum Schuss kommen, wenn es denn was gäbe.«

»Ja, das lässt sich bestimmt organisieren.«

Bob erzählte: »Er ist schon viele Jahre hier in der Einöde. Wir können uns 100% auf unseren alten Hasen, Ranger Bruck, verlassen. Das Reservat ist unendlich weit. Viele Stationen müssen täglich angefahren werden, um die Tiere zu beobachten. Wichtig! Die Wilderer im Auge behalten.« Bruck rief uns zu: »Nehmt Platz in meiner Hütte!« Gerne folgten wir sogleich der Einladung.

Wir traten ein und waren mächtig erstaunt. Wie toll es hier aussah. Ein holziges Innenleben, viele Tierfelle an den Wänden und auf dem Fußboden. Ein rustikaler, runder Holztisch stand mitten im Raum.

»Ja, wie ich sehe, seid ihr sehr verwundert, wie anschaulich meine Hütte ist.«

»So schön haben wir es uns nicht vorgestellt«, gaben wir ehrlich zu.

»Wenn man wie ich hier in der Wildnis lebt, braucht es ein schönes Wohlfühl-Innenleben. Die Hütte ist mein Zuhause! Sogar einen kleinen Stromgenerator habe ich.«

»Ja, das ist eine ganz wichtige Sache«, ergänzte Bob. »Da haben wir Zwei etliche Stunden verbracht, bis alles gut geklappt hat.«

»Dank seiner Hilfe bin ich hier sehr zufrieden«, bekräftigte Bruck.

Ich gab knurrende Magengeräusche ab.

»Oh, ich glaube, es wird Zeit für das Lunch-Paket.« Bruck eilte davon, um Teller und Besteck zu holen. Inzwischen packten unsere Frauen die guten Sachen von Arli aus. An Getränke und Obst war auch gedacht. Was doch so eine gute Mahlzeit ausmachte. Glückliche Gesichter zeigten es. Da schaute Bob auf seine Armbanduhr, stellte fest, es wird Zeit aufzubrechen.

Lautstarke Funkgeräusche übertönten unsere Worte. »Ach, mein Funkgerät«, Bruck nahm sofort das Gespräch auf. Und wir machten uns fertig zum Gehen. Er rief uns nach: »Das war ein Ranger. Probleme gibt es, die er mit mir besprechen will. Vielleicht bleibt er auch über Nacht. Wie ihr seht, gibt es ständig was Neues zu tun. Könnte sein, dass ein verletztes Tier geschossen werden muss. Ich melde mich auf jeden Fall bei dir, Bob. Tim, du kannst zum Schießen kommen.«

»Ja, das passt mir, ich werde noch etwas üben, um sicher zu sein.«

Wir verabschiedeten uns lautstark. Eilig verließen wir seine Hütte, nämlich die Zeit war bemessen. Als wir gerade an den ersten, bunten Häuschen einbogen, kam Nagrah uns entgegen. Sie winkte und sah sehr besorgt aus.

Bob bremste ab. Ich ebenfalls. »Na, was gibt es, Nagrah?«

»Ich mache mir Sorgen um die kleine Giraffe. Sie will nicht die Stutenmilch trinken. Und ihren Kopf lässt sie auch etwas hängen. Eventuell hat sie auch Fieber.«

»Ja, ja, ich höre«, sagte Tom. »Wir fahren gleich hin zu der Kleinen, steig ein, Nagrah!«

»Schön, dass du mir zur Seite stehst.«

»Aber klar, sie mag mich und ich sie auch. Tim, ihr könnt nicht gleich mitkommen. Denn ich brauche absolute Ruhe mit der kleinen Giraffe. Bevor ihr zum Essen geht, darf mit der Nase reingespitzt werden. Nagrah, komm eilends an meine rechte Schulter, damit die kleine Patientin nicht länger warten muss. Bob, fahr du mit unseren Gästen weiter.«

Was nun geschah, konnten wir leider nicht selbst miterleben. Tom, Nagrah und Schu Schu hatten uns jedoch später in allen Einzelheiten berichtet:

Im Stall angekommen, meinte Tom: »Das gefällt mir gar nicht. Die Beine eingeknickt und der Kopf nach vorne gebeugt. Das ist absolut keine gute Körperhaltung. Nagrah, reiche mir bitte den Arztkoffer samt den Instrumenten. Ich höre sie ab und mache mir Gedanken, wie ich ihr helfen kann. Nun ja, unser kleiner Liebling hat eine Lungenentzündung. Leider, schon heftig. Verabreiche ihr sofort Antibiotika und Aufbauspritzen. Streicheleinheiten braucht sie auch, das gehört zur Genesung. Nagrah, bring mir bitte Schu Schu, ich habe eine Aufgabe für ihn.«

»Ja, bin gleich wieder zurück.«

Sie ging rasch aus der offenen Stalltür. Sieht gegenüber Schuh Schuh bei einer Zaun-Reparatur. »Hi, Schu Schu, komm bitte zu Tom in den Stall. Er braucht dich, sofort.« Das Werkzeug zur Seite gelegt, eilte er zu Tom. »Hallo, da bin ich, Meister.« Tom lächelte, so wurde er immer angesprochen, wenn Schu Schu guter Laune war.

»Wie du siehst, mein Junge, haben wir ein ernstes Problem. Die Kleine hat eine Lungenentzündung. Du kannst ihr helfen, dass bald eine Genesung eintritt.«

»Oh, das wird schwierig werden.«

»Warum?«

»Nun, du bist doch der Arzt.«

»Das dachte ich mir. Auf so eine Antwort habe ich gewartet. Aber stell dir vor: Die Medizin kann nicht alles. Besonders, wenn die kleine Giraffe Streicheleinheiten braucht. Die kannst du ihr geben.«

»Welch eine Ehre.«

»Am besten, du fängst gleich damit an.«

»Ja, mache ich.«

»Und bitte, heute keinen Besuch. Die Kleine darf nicht aufgeregt werden.«

»Wird gemacht, Meister.«

»Damit wäre jetzt alles besprochen. Nagrah, sag bitte

unseren Freunden Bescheid. Kein Besuch heute erlaubt. So, wir beide gehen jetzt. Ich kann mich auf dich verlassen, ok?«

»Ja!«, antwortete Schu Schu eifrig. »Sollte irgendetwas sein, ich bleibe heute im Dorf. Bye-bye.« Und jeder von ihnen hatte ein Ziel.

»Na, da sitze ich hier und bange um dich.« Zärtlich streichelte er der kleinen Giraffe über den Kopf. »Das tut ihr gut«, dachte Schu Schu. Er merkte, dass sie ruhiger atmete. Schon fielen ihre Augen zu. »Schlaf dich gesund!« Streichelte ihr über den langen Hals und Rücken. »Meine Augenlider werden auch schwer. Nun mache ich es mir hier bei dir auch bequem.«

Es zupfte an seinen Haaren. Schu Schu riss die Augen auf. »Ich habe fest geschlafen. Die Kleine steht auf den Beinen! Welch eine große Freude!« Er empfand ein starkes Glücksgefühl. Umarmte die Kleine und konnte es kaum glauben. »Wir beide haben eine Zeit lang verschlafen.« Hurtig sprang er auf, um die Stutenmilch zu holen. »Schau, hier habe ich was Leckeres für dich.« Sie schnupperte und schnupperte an dem Schnuller herum. »Na, was wäre mit einer Probierprobe? Schmeckt garantiert lecker!« Plötzlich spürte sie ihren Hunger, zieht, dass es eine wahre Freude war. Schnell war die ganze Flasche geleert. »Da wird sich der Meister freuen!«

Es raschelte an der Stalltür. Tom, der Tierarzt, trat ein. Welch ein schönes Wunder. »Wie hast du das gemacht? Ich bin völlig aus dem Häuschen.« Sie stand stramm auf ihren schlanken Beinen. Schu Schu lächelte: »Ja, Meister. Das waren die Streicheleinheiten.«

»Wohl, wohl. Die Stutenmilch macht sie satt und kräftig. Zur Belohnung schicke ich dich jetzt zum Abendessen.«

»Prima, da darf ich die freudige Nachricht zuerst erzählen.«

»Schu Schu, wie sieht es denn mit einem Namen aus für die Kleine?«

»Ich denke an eine etwas ältere, nette Dame.«

»Wen hast du im Kopf?«

»Kathi.«

»Ach, die machte mit euch die tollsten Sachen.«

»Leider hatte sie sich bei einer Safari den Fuß verstaucht. Das hatte wiederum auch eine gute Seite.«

»Wieso?«

»Wir bekamen von ihr Geschichten vorgelesen. Die waren eine schöne Bereicherung und es gab viele Zuhörer. So was vergisst man nicht.«

»Also Kathi, die Starke. Hast du gehört? Dein Name ist Kathi.« Sie nimmt es an, mit Abschlecken der Hände.

»Fürs erste habe ich allerhand Gesprächsstoff.«

Der Magen knurrte.

»Dann hau ab! Ich komme auch bald nach. Vielen Dank nochmals, Schu Schu.«

Wie ein Blitz war er weg. Die Beine liefen schnell zum Gemeinschaftshaus. Wo Arli, die Köchin, die Kantine führte. Schu Schu holte sich ein Tablett und Besteck. Lief zu den Töpfen, wo der gute Essensgeruch herkam. Arli stand bereit: »Na, Schu Schu, was darf es sein?«

»Ich habe Kohldampf.«

»Es gibt genug«, lachte Arli.

»Hier riecht es besonders angenehm.«

»Das ist mein Straußengulasch, mit vielen Kräutern etc. Alles verrate ich dir nicht, du sollst es schmecken.«

»Ja, ich nehme es und bitte den Teller ganz voll machen.«

»Natürlich«, schmeichelte Arli. »Denk daran, wenn dein Hunger noch so groß ist, komm einfach zum Nachfassen.« Schu Schu nickte und ließ sich weiter bedienen mit Kroketten und Salat. Arli wünschte einen guten Appetit. Schu Schu dankte mit strahlenden Augen. Nahm sein Tablett mit dem Essen, schaute, wo die Freunde aus Deutschland saßen. Siehe da, am Fenster.

Ich winkte ihm freudig zu. »Komm hier, ein Sitzplätzchen bei mir.« Schu Schu setzte sich und schaute in geheimnisvolle Gesichter. Mit Blick auf das Essen sagten alle am Tisch, das hatten wir auch.

»Und wie war es?«

»Zart, fein gewürzt, einfach lecker!« Er wollte sich nicht mehr stören lassen, fing hastig zu essen an.

»Lass es dir munden!«, rief es aus allen Seiten. Ein kleines Grinsen.

»Super, mein Geschmack!«

Schu Schu war fast fertig mit dem Essen, da meinte ich zu ihm: »Möchtest du auch eine süße Verführung? Mangotraum?«

»Oh ja, ich lass mich verführen.«

»Dann reiche mir bitte dein Tablett. Ich besorge 5 mal Mangotraum.«

»Nicht vergessen!«, sagte Schu Schu. »Bobs Löwenfeuer.«

»Was ist das?«, fragte ich.

»Ein klarer Wildkräuter-Schnaps, Bobs Spezialität.«

»Gut zu wissen, bin gleich wieder zurück.«

Ich gesellte mich wieder ein. Viele Hände griffen sofort zu, das Tablett war leer gefegt. Renate meinte: »Davon kann ich den ganzen Abend noch nachträumen. Mangotraum. Schon allein der Name macht sich die Ehre.«

Schu Schu stand auf und nahm sein Löwenfeuer in die Hand. Die begeisterte Runde machte es ihm nach. Volle Anspannung auf ihn gerichtet. »Meine lieben Freunde, unsere kleine Giraffe steht auf den Beinen. Das Fieber ist weg, die Stutenmilch getrunken. Ihren Namen kann ich euch auch verraten. Kathi! Nun Anstoß auf Kathi, damit sie groß und stark wird! Prost, Prösterchen!«

Urplötzlich rief Ralf in die Runde: »Wärmende Worte, der schmeckt saugut!«

»Davon fliegen zwei Flaschen mit nach Deutschland«, dirigierten Renate und ich. »Das weckt unsere schlafenden Lebensgeister.«

Bob und Tom liefen auf die ausgelassene Fröhlichkeit zu. »Sind wir hier richtig?«

»Bestimmt, nehmt endlich mit dem Hinterteil Platz!«, sagte ich spontan. Bob schaute auf leere Gläser. Er fragte: »War Feuer dabei?«

»Aber Hallo! Wie Tanz der Vampire.«

»Ja, mein Löwenfeuer ist mir gut gelungen. Es macht sehr viel Mühe. Die Kräuter wachsen auf einem bestimmten Platz. Der ist leider etliche Kilometer weg. Die Arbeit lohnt sich. Ich habe Freude am Kreieren. Besonders, auch ein gutes Heilmittel für Magen und Darm. Aber nur in Maßen, sonst kann er schaden.«

»Es hat alles zwei Seiten, ja sicher. Wir trinken ihn für die Gesundheit«, ergänzte Ralf.

»So Tom, auch wir holen uns was Essbares auf die Teller. Euch noch ein gutes Produkt Löwenfeuer?«

»Das ist spitze, Bob!«

Schu Schu verabschiedete sich: »Ein erfolgreicher Tag geht für mich zu Ende. Jetzt lauf' ich noch zum Training, das muss sein.«

»Dann viel Spaß, Schu Schu«, rief es kraftvoll nach. Bob und Tom kamen mit gefüllten Tellern zurück. Wiederholt gab es Gelächter. Die beiden schauten verdutzt. »Haha, das war auch unser Essen.«

»Nun sind wir an der Reihe und genießen«, meinte Tom. »Einen guten für euch.« Bob und Tom nickten zufrieden. »Prost für euer Löwenfeuer, ihr dürft schon mal.« Bob wollte noch wissen: »Hat Schu Schu berichtet von der kleinen Kathi?«

»Diese Information haben wir ausführlich erhalten. Auf Kathis Gesundheit und Namen haben wir zweimal geprostet. Jetzt ist ein Besuch der Kleinen angesagt. Wir lassen uns nicht länger hinhalten. Tom, ist es erlaubt?«

»Keinerlei Einwände.« Und stopfte dabei die vollgeladene Gabel in seinen Mund.

»Nun, auf die Beine, Bewegung«, rief ich. »Aber nicht ohne meine Kamera.«

»Nein, Renatchen, das kann ich dir nicht zumuten.« Ich erklärte mich bereit, ihr Kamerageschoss im Häuschen zu holen. Mit freudiger Erwartung begab man sich zu Kathi in den Stall. Tom und Bob wollten nachfolgen, Kathi brauchte noch ihre Aufbauspritze.

Es eilten die Tage dahin, die letzte Woche von den vier Wochen war leider schon angebrochen. Jeden Tag ein volles Programm. Ich lag im Schaukelstuhl und überlegte. Wir hatten bis jetzt eine wunderschöne Zeit gehabt. Arli bei ihrer Teezeremonie zugeschaut. Ein Nachbarcamp besucht, vier Tage dort geblieben. Safari gefahren und nette Leute kennengelernt. An einem Flussbett die Krokodile beobachtet. Aber mit gebührendem Abstand. Unsere Frauen waren mit Nagrah in der Stadt gewesen. Zwecks zu bummeln und Einkäufe zu tätigen. Ja, ja, die Frauen, das musste unbedingt sein. Fackelwanderungen, Speerwerfen und sich im Schießen üben.

Renate fotografierte drauflos, hoffentlich reichten ihre Filmrollen. Die Spannung wuchs wie ein Flitzebogen, ob sie alle scharf und gut getroffen waren. Es würde sich später zeigen, geduldig abwarten, da musste sie durch.

Gerti und Ralf fuhren mit dem Jeep auch alleine weg und hatten am Abend viel zu berichten. Einmal musste Bob ihnen nacheilen. Sie hatten Schwierigkeiten mit einem Löwen. Ging aber alles gut aus. Gott sei Dank!

Als ich davon hörte, fröstelte es mich über den ganzen Rücken. Es erinnerte mich an meinen Vater.

Eine Autotüre wurde zugeschlagen und ich blickte auf. »Ach, Nagrah, hallo!«

»Bob schickt mich. Ich soll dir ausrichten, eine Safari ist angesagt, wo du eventuell einen Löwen erschießen darfst. Bruck hat angerufen. Er schleicht in der Nähe von einem Nachbarcamp herum. Besonders sind Kinder in Gefahr und er hat auch schon Tiere angerissen. Er scheint verwirrt zu sein. Tom kommt nicht mehr mit dem Verarzten nach. Bruck möchte, dass du den Löwen erledigst.«

Na, das war schneller da, als ich dachte. Ich meinte schon, das wird nichts mehr mit der Safari. Nagrah fragte: »Besteht noch ein Interesse?«

»Doch, natürlich, das Jagdfieber ist da. Ich mache es.«

»Bruck sowie Bob und Tom begleiten dich. Die Frauen können in einem gebührenden Abstand auch dabei sein. Wenn sie möchten.«

»Ich glaube schon. Renate greift sich ihren Fotoapparat und Gerti geht ihr zur Hand.«

»Also, viel Glück bei deiner Schussabgabe, und dass der erste Schuss gleich richtig trifft.«

»Danke dir, Nagrah.«

Sie fuhr rasant davon. Ich überlegte. Meine Freunde und Renatchen waren bei den Giraffen. Die kleine Kathi wurde von meiner lieben Frau umschwärmt. Sie wuchs Tag für Tag ein Stückchen mehr.

Flugs, ich holte schnell mein Gewehr und übte, damit ich mich nicht blamieren musste. Ich war fleißig am Trainieren, da hörte ich stampfende Tierbeine. Erschrocken drehte ich mich um, schon wieder eine große Herde Zebras. Unterhalb vom Zaun galoppierten sie davon. Ich hatte es so überschlagen, ungefähr einhundert Tiere. Wie die hier gerade vorbei kamen in der Nähe des Camps. Ich schüttelte den Kopf.

Da hörte ich von hinten eine heitere Stimme. Drehte

mich um. »Oh, Bob, schön dich zu sehen, ich stehe unter einem Schock.«

»Wieso das?«

»Hast du es nicht mitbekommen mit den vielen Zebras? Dachte schon, die rennen mich über den Haufen. Eine starke Herde, mindestens so um die hundert Stück. Ich war mittendrin beim Scharfschießen, deshalb merkte ich es nicht. Bis sie dann schon in Reichweite waren. Gott sei mir gnädig, dachte ich. Zum Glück befand sich die Herde unterhalb des Zaunes. Sonst hätten die mich glatt überrannt.«

»Ja, wie ein Bleichgesicht siehst du noch aus. Komm, ich zeige dir, wo sie sind. Steig ein, wir müssen ein Stück fahren. Du weißt doch, wo Kungas Hütte ist.«

»Bruck der Ranger.«

»Ja, dorthin fahren wir. In das Tal unterhalb Brucks Hütte. Da gibt es einen kleinen Nebenfluss, das Wasser kommt direkt aus dem Berg. Es ist nicht viel, aber immerhin genug für die Tiere, die hier auf dem Weg sind. Ich sage mal, es ist eine größere Pfütze. Aber es reicht und wir sind dankbar für dieses Wasser hier. Es wachsen auch seltene Pflanzen außen herum. Eine Belagerung von Kleintieren, Vögeln sowie einer anderen Art, die ich leider nicht kenne, kommen täglich zu dieser kühlen Oase. Neuankömmlinge, die wir noch erforschen müssen.«

Bob bog jetzt in das sogenannte Nebental ein. Man erkannte ein leichtes Gefälle. Links von ihnen erhob sich eine Bergwand. Die erstaunlicherweise zu wachsen schien. Er fuhr noch einen kleinen Bogen. Und wir konnten plötzlich gut einsehen. Vor uns die ganze Herde. Ich war verblüfft. Auch über den immerfort fließenden Wassersegen. »Da staunst du, was?«

»Aber mächtig. Ich bringe keinen Ton mehr zum tönen.«

Manche Tiere standen um die grüne Oase herum. Einige tranken von dem frischen Quellwasser. Andere zeigten Geduld, bis ihnen auch zugetan wurde. Kleinere Zebras waren auch dabei. Ich meinte: »Dass die Kleinen schon so weit mitrennen!«

»Ja, die sind gar nicht mehr klein. Schau dir doch die Beine an und ihren Bauchumfang. Was meinst du, wie alt könnten sie sein?«

Ich überlegte. »Ich schätze, so um die sechs Monate.«

»Da hast du dich gewaltig verdusselt. Die sind schon ein gutes Jahr und älter.«

»Nein!«

»Doch, glaube es mir. Bei den Zebras verschätzt man sich gerne. Das kostet dich heute Abend für die Runde eine Flasche bestes Löwenfeuer. Schlag ein, bist du einverstanden?« Ich meinte, ein gehöriges Gelächter würde es auch geben werden. »Mach dir nichts daraus. Man kann quasi nicht alles wissen. Jetzt muss ich aber dringend wenden, denn es ist Zeit für die Rückfahrt.«

Auf dem Weg zurück fiel Bob die Löwin mit ihren Jungen ein. »Tim, wir sind gerade in der Nähe von der Löwin mit ihren zwei Kleinen. Lass uns schnell nachsehen, ob alles seine Ordnung hat. Nimm du bitte das Fernglas zur Hand und mein Gewehr.« Bob hielt an und wir stiegen beide sportlich aus. Der Weg zum Hügel hoch war beschwerlich und sehr gefährlich. Immer wieder sanken wir mit unseren Rangerstiefeln bis zum Stiefelschaft ein. Der Sand war hier sehr locker und feinrisselig.

Am Hügel angekommen, nahm Bob das Fernglas und schaute erwartungsvoll in diese Richtung. Er wollte seinen Augen nicht trauen, bis er zu mir sagte: »Das sieht nicht gut aus. Ich sehe nur ein Baby und die Löwin ist sehr nervös. Schau durch. Was ist deine Meinung?« Ich ließ mir Zeit, kam aber zu keinem anderen Ergebnis als Bob. »Morgen in aller Frühe stehe ich wieder hier, um nachzuschauen. Jetzt lass uns weiterfahren zum Camp.«

»Was sind deine Gedanken, Bob?«

»Ich befürchte, es gibt nur noch ein Löwenbaby.«

»Hätte das vielleicht was mit dem verwirrten Löwen zu tun?«

»Ich nehme es an, ja.«

Bob bog langsam zum Camp ein. Er schaute sehr traurig zu mir. »Hoffentlich sind beide noch bei ihrer Mutter.« Ich nickte etwas resigniert. »Wir treffen uns dann bei Arli.«

»Ja, ich habe einen Bärenhunger, bis später Bob.«

Es war Abend und man gesellte sich bei Arli ein, um zu genießen. Aber es gab keine richtige Stimmung. Die große Familie war sehr in Sorge, irgendetwas lag in der Luft. Alle schauten zu Bob. Nun rückte er endlich mit der Sprache heraus. »Klär uns auf! Bob erhob sich, mit rauer Stimme begann er zu berichten. Am Schluss machte er ein besorgtes Gesicht. Und sprach es aus: »Die drei sind in großer Gefahr. Wenn es denn noch drei sind.

Tim und ich haben leider nur die Mutter und ein Löwenbaby gesehen. Die Löwenmutter war sehr unruhig. Ich
habe beschlossen, morgen ganz früh hinzufahren. Auf
meine morgendliche Safari kommen Tom und Tim mit.
Dann werden wir sehen. Jetzt lasst uns essen und trinken. Wir brauchen Kraft und gute Nerven.«

Am nächsten Morgen.
    Wir Männer waren sehr früh aufgebrochen, 2.30 Uhr,
das Camp lag noch im Frieden. Mit zwei Jeeps fuhren
wir los. Bevor sich der Tag öffnete, standen wir bereits
auf dem Hügel. Es war mucksmäuschenstill. Wir schauten mit dem Nachtfernglas. Glaubten, die Löwin und
ihre Jungen zu sehen. Wir waren sehr angespannt. Bob
nahm sein Fernglas ab, ließ es herunterhängen. Schaute
zu Tom und mir, schüttelte mit dem Kopf. Die Löwenmutter bewegte sich nicht. Nur ein Baby lief um die
Mutter herum.
    »Seht ihr das auch so?«, und reichte das Fernglas
weiter.
    »Leider«, kommt von beiden die zähneknirschende
Bestätigung.
    »Ob die Löwin verletzt ist?« Frage an Bob.
    »Kann ich aus der Entfernung nicht deuten. Wir
müssen eine größere Safari einleiten, um Klarheit zu
bekommen. Und das am besten sofort. Ich rufe bei Bruck
an. Tim, es wäre gut, wenn du ins Camp zurückfährst.
Geh zu meiner Frau, sage ihr, sie soll alles Nötige organisieren. Wenn ich mit Bruck gesprochen habe, rufe
ich bei ihr an. Sie weiß dann, was zu tun ist. Leute,

Autos, etc. Tim, du kannst deine Frau und die Freunde mitbringen. Aber: Meine Anweisung muss strengstens befolgt werden. Ich nenne die Safari ›Eins‹, das heißt sehr gefährlich. Der bissige Löwe muss heute zur Strecke gebracht werden. Auf mein Zeichen gebe ich ihn dir zum Abschuss frei.«

»Bob, ich habe es verstanden: Nun fahre ich zu Nagrah. Bis in einer Stunde. Ich drücke dir die Daumen, dass es ein Erfolg wird.« Mit einem gekonnten Sprung saß ich hinter dem Lenkrad und brauste davon. Inzwischen hatte sich der helle Tag eingestellt. Es war merkwürdig. Sehr ruhig.

Bob erzählte uns später, dass er während der Zeit des Wartens das Grübeln anfing. »Hoffentlich wird es ein gesegneter Tag für uns Ranger. Und für unsere Arbeit, die wir tun müssen. Tom, hast du deinen roten Medikamentenkoffer dabei?«

»Natürlich, der liegt wie immer im Jeep bereit.«

Aufatmen war hörbar. »Dann ist es gut.«

»Ja, ich stelle fest: Du regst dich auf! Bob, bleib gelassen!«

»Ich versuche es ja, mich in die Ruhe zu bringen.« Bob hielt erneut sein Fernglas vor die Augen. »Sie liegt immer noch am Boden und regt sich nicht. Nur das kleine eine ist munter. Stuppst hier und dort seine Mutter an. Eine Reaktion vor ihr ist gleich null. Das Zweite habe ich noch nicht gesichtet. Das schlägt mir alles so auf den Magen. Der gewaltige Löwe soll ihnen fern bleiben. Am besten, wir halten die Gewehre bereit. Vielleicht braucht die Löwin ja deine Hilfe, Tom.«

»Ja, aber wir beide können sehr wahrscheinlich alleine nichts ausrichten. Es geht um jede Sekunde. Bob, das ist mir bewusst. Wir brauchen die Verstärkung, wo bleibt sie nur? Das Abwarten lähmt mir meinen ganzen Körper. Es geht mir so richtig schlecht, ich fühle mit den Tieren da unten.«

»Jetzt komm her, Bob!« Tom reichte ihm die Flasche Löwenfeuer. »Trink einen kräftigen Schluck, gleich geht es dir besser.«

»Wenn du meinst.«

»Ja, heute ist es Medizin.«

»Danke.«

»Für Notfälle habe ich eine Flasche dabei.«

Von fern drangen Autobrummen und -dröhnen an ihre Ohren. Das hörte sich gut an. »Gott sei Dank! Es geht mir schon viel besser. In meinem Kopf wächst ein Plan, der wird sofort eingesetzt. Ich bete, dass es nicht für die Tiere zu spät ist.«

Unsere drei Jeeps kamen angebraust, eine dicke Staubwolke zog über Bob und Tom. Langsam verzog sich die Staubwolke. Wir stiegen aus, stürmten zu Bob mit vielen Fragen. »Bitte ganz behutsam, ich halte gleich die Lagebesprechung hier ab. Die Löwin und ihre Babys haben Priorität! Der bissige Löwe muss aus seinem Versteck gelockt werden.«

Bob, Tom und ich versuchten, näher an die Löwenmutter mit ihren zwei Kindern heranzukommen. Vielleicht hatte sich das eine Baby versteckt? Oder es lag verletzt unter einer Hecke? Das konnten wir von dort nicht feststellen.

Es läutete in Bobs Hosentasche. »Ja, Bob, ach hallo, Bruck!«

»Ich bin mit meinen Leuten in dem Tal unterhalb von meiner Hütte. Und ziehe von hinten nach vorne an der Wasserstelle vorbei. Zur Löwin mit ihren Babys. Du kommst von vorne mit Tim und Tom. Wenn wir Glück haben, spüren wir den Löwen auf. Am Wasserfleck habe ich gestern zufällig Spuren von einem Löwen entdeckt. Sie zeigen eindeutig auf, dass er verletzt ist. Ob es der gesuchte Löwe ist, wird sich bald zeigen. Ich ziehe mit meinen Rangern los und hoffe auf einen Erfolg. Bob, gibst du den Start frei?«

»Ja, ab sofort. Safari Eins X. Viel Glück, Bruck!«

»Danke, dir und deinen Leuten auch.«

»Sooo, Bruck zieht vom Tal zu uns nach vorne. Wahrscheinlich hat er eine vielversprechende Spur, der er jetzt nachjagt. Wir drei gehen langsam nach vorne, die Nachfolgenden geben uns Rückendeckung. Indem wir einen großen Kreis bilden.«

Leises Trommeln setzte ein, die Safari hatte begonnen.

Schleichend näherten sie sich der Löwin mit ihrem Nachwuchs. Die Anspannung wuchs. Bob blieb stehen, schaute durch sein Fernglas. Sah, dass die Mutter verletzt war oder sogar tot. Und ihr zweites Baby blieb verschwunden. Der Lichtschimmer schwand, das Zweite noch lebend vorzufinden. Auf einmal laute Geräusche, Schreie und plötzlich war der raubfreudige Löwe da. Er wollte sich geradewegs auf das kleine Baby stürzen. Oh Schreck! Bob fühlte seinen Pulsschlag nicht mehr. Die

Atmung angehalten, stand er steif da. Ein Gedankenblitz: »Hoffentlich schießt Tim.«

Da pfiff es am Ohr vorbei, ein Schuss und der Löwe streckte sich zu Boden. Danach wurden die Trommelschläge immer lauter. Bruck kam mit seinen Männern auf Bob zu. Tom und ich liefen ihnen entgegen. Bob schrie zu mir: »In letzter Sekunde! Ein Schuss, der haargenau passte. Du hast es gut gemeistert, Tim!«

»Leider, dass wir es tun mussten«, kam meine Antwort.

»Komm«, begann Bob. »Wir schauen uns die Tiere an.« Doc, der Tierarzt, lief zur Löwin. Ich sah mir meinen erschossenen Löwen an. Bob ging auf das Kleine zu. Das wollte gleich mit ihm spielen. Man merkte, es war sehr einsam. Bob griff sich das kleine Wollknäuel. »Sag, wo ist dein Geschwisterchen? Wir beide werden es suchen gehen.« Bob sah sich um, lief dann ein paar Schritte von den Tieren weg, mit dem Kleinen im Arm. Sein Blick fiel auf ein verwühltes Erdloch mit etwas Pelzigem. Er beugte sich hinab, stellte resigniert fest: »Nur noch übrig gebliebenes Fell. Nun ja, leider ist dein Geschwisterchen tot. Wir freuen uns aber, dass wir dich gerettet haben.« Und er ging etwas traurig zu uns zurück.

In der Zwischenzeit war mein Renatchen fleißig am Fotografieren. Gerti und Ralf standen dabei, um ihre Anweisungen auszuführen. Als Bob mit dem kleinen Löwenbaby erschien, hatte Renate es sofort in ihr Herz geschlossen. »Bob, reich es mir doch!«

»Ja, kannst du haben. Aber pass gut auf! Die Krallen sind ausgeprägt, mit einer scharfen Essenz. Ich muss mich mit Bruck unterhalten, was mit den toten Tieren passiert.«

Ralf gesellte sich zu mir: »Na, mein Alter, Hut ab. Ja, ja, mir wurde ganz schön heiß bei dieser Sache. Mann kann es einigermaßen ertragen. Die Bilanz: zwei erwachsene tote Löwen und ein Löwenbaby. Zur großen Freude lebt das kleine Löwenbaby. Dank deinem scharfen Schuss in letzter Sekunde.« Bruck hatte seinen Jeep geholt, um die beiden Löwen aufzuladen. Sie würden später in ein Museum gebracht. Jetzt musste noch an ihnen gearbeitet werden, imprägnieren, ausstopfen usw. Sie sollten schön echt aussehen. Das Camp brauchte auch Geld, um es finanziell zu unterstützen. Bob ermahnte zum Aufbruch. »Alle einsteigen, es geht zurück ins Camp.«

Da gab es Alarm bei Bruck in seinem Geländewagen. Ein verzweifelter Ranger meldete sich bei Bruck, sein Freund Amadeus. »Ich brauche sofort Doc, den Tierarzt. Ein Jungtier ist mir in die Falle geraten. Das kommt mir gerade recht, wegen einer Forschung. Kannst du mir bitte helfen? Es braucht ein Halsband mit Sender. Und ich unbedingt Doc Tom wegen der Betäubungsspritze. Es ist sehr aggressiv, will um sein Leben beißen. Ich kann es auch nicht länger in der Falle hängen lassen.«

»Ok, bis gleich, wir sind sowieso in der Nähe.«

Ein freundschaftliches Schulterklopfen von Bob: »Tim, jetzt bist du ein Ranger von uns und bringst deine Leute zurück ins Camp. Wir kommen nach, sobald die Sache erledigt ist. Tim hat ab jetzt das Kommando.«

Ohne Bob und Tom ging es zum Camp. Die würden schon gespannt sein, wie es verlaufen war. Das kleine

Löwenbaby wurde in ein flauschiges Fell gehüllt, das Bruck aus seinem Geländewagen zauberte. Die Sonne neigte sich schon der Mutter Erde, als wir abfuhren. Später erreichten wir das Camp bereits in der Abendstille. So fuhren wir gleich bis ans Gemeinschaftshaus vor. Ich meinte: »Jetzt dürfen wir unseren Neuankömmling selbst vorstellen und haben die Ehre dazu. Denn die Neugierde im Dorf ist ja da. Aber es ist auch schön, dass sich jeder interessiert, was so läuft, wie in einer Großfamilie.« Ich drückte auf die Türklinke und trat ein. Die andern im Gänsemarsch.

Erstauntes Aufblicken, sofortige Stille. »Was habt ihr denn da mitgebracht?«, fragte Arli.

»Darf ich vorstellen: unser Löwenbaby von der Safari.«

»Ist sie euch geglückt?«

»Teils, teils. Aber das erzähle ich später. Jetzt sind wir hungrig und müde. Ist Schu Schu da?«

»Ja.«

»Komm bitte und kümmere dich um das kleine Löwenbaby. Du hast die Erfahrung, mit Fläschchen geben usw. Nimm es mit zu dir nach Hause! Die mütterliche Nestwärme fehlt bestimmt etliche Stunden schon.«

»Das kann heiter werden.« Schu Schu übernahm das Fellbündel und ging in die Nacht hinaus. Ich rief noch nach: »Gleich morgen früh kommt Doc Tom zu dir, wegen dem kleinen Löwen.«

»Wo sind die beiden eigentlich?«, fragte Nagrah.

»Sie mussten noch schnell mit Bruck zu einem Ranger fahren. Der Probleme mit einem Jungtier hat. Ich nehme an, sie werden bald eintreffen. Wir sind hundemüde und kaputt. Hunger, essen und schlafen, sonst nichts mehr. Für heute sind die Gehsteige hochgeklappt«, äußerte ich mich.

Der nächste Tag.

Doc Tom war sehr früh aufgestanden. Es musste sein, er machte sich Sorgen um das Löwenbaby und Schu Schu. Leise klopfte er an mein Fenster, wie wir es noch am Abend verabredet hatten. Ich schlich mich also hinaus. Gleich nach einem kräftigen Frühstück gingen wir zum kleinen Häuschen von Schu Schu. Tom klopfte mit einem Eisenring, der fest an der Tür angebracht war. Raschel, raschel und die Tür ging auf. Vor uns stand ein nicht ausgeschlafener Schu Schu.

»Oh, das tut mir leid. Wenn ich dich so ansehe, fehlt dir ein göttlicher Schlaf.«

»Das stimmt perfekt, Doc. Das kleine Ungeheuer hat mich ganz schön auf Tour gebracht. Aber einen gesegneten Appetit hat es.«

»Na, das ist erfreulich.«

»Die Flasche Milch war schnell geleert. Den Schnuller nahm es sofort an. Ich machte klugerweise etwas Honig darauf. Sehr wahrscheinlich gab es keine Milch mehr von der Mutter.«

»Wo ist denn der kleine Racker?«

»In meinem Zimmer und molligen Bett. Ich wickelte es in eine Kapuzendecke und hoffte, dass es keine Flöhe hat.«

»Ja, das war eine gute Idee. Bring mir das Bündel

her, ich nehme es in meine Praxis mit. Du schlaf dich erst mal aus!«

Doc Tom packte sich das Löwenbaby unter den Arm und wir gingen. In seiner Praxis angekommen, setzte Tom das kleine, verängstigte Tier auf den Praxistisch. »Nein, jetzt müssen wir beide uns anfreunden. Schaust aber ganz ängstlich, bitte nicht, ich bin nur der Doc. Muss deine Gesundheit kontrollieren: Du hast ein schönes, glänzendes Fell, super Zähnchen, die später fest zupacken. Dein Körperbau ist stark und gut in Funktion, du bist gesund. Jetzt wollen wir beide nachsehen, ob du männlich oder weiblich bist. Zeig doch her, zappele nicht so, du bist eine Dame, na prima. Da werden dir die Herren Löwen später ganz aufdringlich den Hof machen. Leider muss ich dich jetzt piksen, das brauchst du aber, damit ich dich zu den anderen Tieren bringen kann. Es ist nur ein kleiner Stich, nun hast du alles überstanden. Du bekommst auch gleich deine Portion Milch. Die hast du dir redlich verdient. Haben wir das auch erledigt, bringe ich dich zur Kathi mit dem langen Hals. Die wird große Augen machen, wenn so was Kleines zwischen ihren Beinen herumsaust.« Beruhigt begab ich mich wieder zu unserem kleinen Häuschen, wo die Freunde gerade wach wurden.

Wie uns Bob später erzählte, hätte er gerade erst ausgeschlafen und nochmals gegähnt, als es funkte. Sein Morgen spielte sich so ab: Er griff nach dem Hörer und meldete sich. Eine lautstarke Stimme aus Deutschland gab sich zu erkennen. Der Zoodirektor vom Frankfurter Zoo. »Ich frage an, wir benötigen in nächster Zeit einen Löwen und eine Giraffe.«

»Ach, das trifft sich gut, wir können dienen. Aber ihr müsst euch noch ein paar Wochen gedulden. Es sind Jungtiere, die brauchen noch einen festen Stand, bis wir sie abgeben können. Melde mich, wenn die besagte Zeit da ist.«

»Danke, das passt ja ausgezeichnet. Alles Gute für Ihr Camp und einen guten Segen von oben.«

»Ja, das können wir hier in der Wildnis gut gebrauchen.«

»Danke, bis bald!«

»Ein ersehnter Anruf war das, der erweckt mich gleich zu einem neuen Tatendrang. Aufstehen, heiße Dusche und ein ausgewogenes Frühstück. Dann können die treuen Nervengeister zu mir zurück.« Bob fuhr es wie ein Blitz durch den Kopf. »Heute ist der letzte Abend mit unseren Freunden. Sehr schade, wir waren ein toller Haufen. Nun, jeder Urlaub geht zu Ende. Glaube, die kommen wieder in die Wildnis zurück. Das Fieber hat sie bereits erwischt. Dann wird es heute eine lange Nacht.«

Es funkte abermals bei Bob. »Ja?«

»Bob, deine Nagrah!«

»Was gibt es, Liebes?«

»Unsere Freunde sind unterwegs. Wollen nochmals eintauchen in die Wildnis, um von ihr Abschied zu nehmen. Tom stellte seinen Jeep zur Verfügung. Doch leider sind sie in ein Loch geraten, das man nicht sehen konnte. Weder vorwärts noch rückwärts, er bewegt sich nicht. Tim hat schon alles versucht.«

»Wo stecken sie fest?«

»Auf dem Weg zu Kungas Hütte. Sie wollten mit Bruck zu den Elefanten fahren.«

»Gut, ich fahre sofort hin.«

»Bob, ich würde auch gerne dabei sein, aber Arli braucht mich.«

»Ja, mein Liebling! Ich verstehe. Die Party heute Abend. Bleib mir treu!« Und eilte schnurstracks zu seinem Geländewagen. Schaute nach, ob das dicke Seil vorhanden war. »Klar doch, wusste ich!« Und startete los.

Am Ende vom Dörfchen lief ihm Tom über den Weg. »Hey Bob, bleib stehen!«

»Keine Zeit, es eilt.«

»Eine Minute, bitte.«

»Was gibt's denn?«

»Ich habe vor, Rischi wieder in seine Freiheit auszusetzen. Die Wunde ist gut verheilt.«

»Dann mach es, Tom! Ich muss los. Dein Jeep steckt in einem Loch fest. Sie warten schon verzweifelt auf mich.«

»So, nun beeile dich. Hast du ein Zugseil?«

»Ja.« Gab kräftig Gas und war weg.

Unser letzter Tag.

Wir Freunde unterdessen machten es uns gut bequem. Denn es machte keinen Sinn mehr, die Kräfte einzusetzen. Es wäre sinnlos und so warteten wir auf Bob. Aus der Ferne hörte man Geräusche von einem Geländewagen. »Das wird Bob sein.« Renate war es langweilig, deshalb lief sie ihm ein Stück entgegen. Da sah sie ihn schon, er kam schnell angefahren. Mit einer dicken Staubwolke im Gepäck. Renate sprang zur Seite, sodass ihr der Sandstaub nichts tun konnte. Bob hielt an.

»Was macht ihr denn für Sachen, heute am letzten Tag? Komm, steig ein, ihr wollt bestimmt noch weiter.« Nach einer kurzen, sandigen Fahrt erreichten sie uns. Strahlende Gesichter, er war da! »Ich habe mich beeilt, so gut es ging. Tim und Ralf, geht ihr mir bitte zur Hand. Damit wir die Sache gebacken kriegen. Ein starkes Seil habe ich dabei. Die zwei Sandschienen vor die Vorderreifen. Ich bringe das Zugseil an. Wie ich sehe, steckt das eine Hinterrad ganz schön tief fest. Die Räder müssen vorne greifen, dann wird es klappen. Haltet mir die Daumen, ich fahre jetzt nach vorne.«

Ich griff das Seil und hakte es in seinem Jeep ein. Und setzte mich abwartend hinter das Lenkrad. Ralf gab noch eine Anweisung.

Bob rief: »Kann es losgehen?«

»Ja.«

»Dann gebe ich vorsichtig Gas.« Bobs Geländewagen hatte ganz schön zu rackern. Nur in kleinen Stückchen schaffte er ihn heraus. Geschafft! »Das war harte Arbeit. Ich habe mir einen guten Tropfen verdient, oder?«

Aber das meinten wir auch. »Wer hat Löwenfeuer dabei?« Gerti holte aus ihrem Lunchpaket die Flasche und kleine Gläser. »Lasst uns anstoßen auf Bobs gute Arbeit, also Prost!«

Ich meinte noch: »Hier ist es wirklich eine Qual mit dem Fahren, aber wir hatten keine andere Wahl. Der Weg geht hier durch.«

»Und was machen wir jetzt? Von der Zeit her könntet ihr noch euer Ziel erreichen.«

Bobs Funkgerät meldete sich. »Bob, hier Bruck. Sag, wo bleiben deine Freunde?«

»Die sind hier bei mir.«

»Ach, und wo?«

»Auf dem Sandhügelweg.«

»Sie wollten schon vor einer guten Stunde bei mir sein.«

»Es kam ihnen leider was dazwischen, ein Loch.«

»Oh ha.«

»Nun, es ist alles wieder in Ordnung. Ich war bereits die Rettung.«

»Sie sollen noch kommen, die Elefanten sind unten an der Wasserstelle. Deine Freunde kennen ja den Weg. Es ist besser, wenn sie gleich ins Tal fahren. Ansonsten wird es zu spät. Sag ihnen, wir sehen uns bei den Dickhäutern.«

Bob ließ sein Funkgerät in die Tasche rutschen. »Jetzt aber fort mit euch, Bruck wartet an der Wasserstelle. Tim, du kennst den Weg. Ein gutes Schießen!« Fragende Blicke. »Ich meinte nicht erschießen, sondern schöne Fotos.« Gab kräftig Gas und zog lachend an uns vorbei.

Wir überlegten nicht mehr, stiegen ein. »Auf geht's zu Bruck und den Elefanten.«

Die Fahrt war kurz. Ich gab nur noch Gas, um schnell ans Ziel zu kommen. Aus der Ferne sahen wir einen Geländewagen stehen. Da, wo der Weg ins Tal führte. Bruck war ausgestiegen, winkte mit beiden Armen. Ich fuhr jetzt ganz sachte und langsam. Ich blieb vor Brucks Füßen stehen. »Hallo.«

»Bruck, sag: Warum winkst du mit beiden Armen?«
»Ich wollte, dass du langsamer fährst.« Dann hatte ich
es gut verstanden, ich tat es ja.

»Jetzt heißt es aussteigen, ihr Safari-Menschen. Die
Füße bewegen, wie auf leisen Sohlen. Sonst sind die
Dickhäuter schneller weg, als ihr denken könnt.« Bruck
kam näher und hing dabei sein Fernglas um den Hals.
Schulterte noch das Jagdgewehr über. »Denn Vorsicht
muss sein«, ermahnte er mit tiefer Stimme. Meine Frau
Renatchen ergriff ihre Kamera und die Objektive, aber
sie konnte nicht alles auf einmal tragen. Es waren zum
Glück fleißige Helfer dabei. Renate arbeitet für ein
bekanntes Tiermagazin in Frankfurt. Deshalb brauchte
sie die Bilder.

Wir waren so am Laufen, als Bruck stehen blieb. Man
konnte von hier aus schon gut mit dem Fernglas zur Wasserstelle einblicken. »Schaut mal durch, was sich hier
alles bewegt.« Eine ganz große Herde Elefanten tum-
melte sich im Wasser. Von klein bis ganz groß. Man sah
es ihnen an, die Abkühlung tat gut. Wer weiß, wie lange
sie schon unterwegs waren. Sie tranken von dem kühlen
Nass und spritzten umher.

Renate fieberte: »Ich will Fotos knipsen. Aber von hier
geht es nicht!« Bruck drehte sich zu Renate um. »Warte
ab, du kannst gleich loslegen. Ich zeige dir eine gute
Stelle. Noch ein paar Schritte bis zur Lichtung hoch.«
Wir liefen wie auf Erbsen und es war auch Schweige-
pflicht. Der Weg wurde steiler, Bruck deutete auf die
helle Lichtung. »Hier kannst du prima arbeiten.« Renate
fand diesen Platz cool. Der Berg warf keinen Schatten.

Sie holte sofort zwei Objektive zum Wechseln heraus, eines behielt sie gleich in ihrer Hand.

Wir Mitläufer durften nur deuten und auf der Stelle stehen bleiben. Das fanden wir überhaupt nicht schlimm. Denn es machte riesigen Spaß zuzuschauen bei den Tieren, sowohl auch bei Renatchen. Ich fand die kleinen, bunten Vögel sehr lustig. Sie pickten diesen Dickhäutern die Parasiten heraus. Mindestens 25–30 Flamingos standen auf ihren langen Beinen, tauchten fleißig mit ihren Schnäbeln nach etwas Essbarem. Fanden auch genügend kleines Tierzeug. Ansonsten gab es ein kunterbuntes Durcheinander von Vögeln. Und diese lebenslustigen grauen Dickhäuter.

Renate hatte eine große Summe an Bildern geschossen, als sie eine Unruhe bemerkte. Die Fotografin deutete: »Seht, die Elefanten ziehen weiter.« Es blieben nur noch die Vögel. Nach ein paar Minuten kam doch glatt eine Leopardin mit zwei Jungtieren daher. Wir verstanden schnell, warum die Elefanten sich verdrückten. Doch Renate freute sich erneut. Leopardenbilder! Aber daraus wurde nichts mehr, was sie sehr schade fand. Der Berg warf seinen Schatten auf die Wasserstelle. Leopardin und Kinder hatten ihren Durst gelöscht und tapsten gemächlich weiter. Die Wasserstelle war verlassen und wieder in der Ruhe. Bruck ermahnte zum Aufbruch. »Seht das Abendrot am Himmel, wir müssen ins Camp zurück. Sputen wir uns, eure Safariparty geht bald los.«

Am Abend auf der Party

Die große Campfamilie fand sich wieder bei Arli ein. Bunt gemischte lange Kleider und farbenfrohe lange Hosen. Sie kamen alle, keiner fehlte. Die Party hatte bereits begonnen, als wir eintrafen. Bob stürzte sofort auf mich zu und nahm mich beiseite. »Du, ich habe dir etwas anzuvertrauen. Übernimmst du eine Patenschaft für die beiden Tiere? Sozusagen nachschauen, wie es den Tieren geht im Frankfurter Zoo?«

»Selbstverständlich Bob. Für Kathi und Zitta tue ich das gerne.«

»Und ich bin beruhigt, Tim. Wir beide bleiben in Kontakt. Nun mischen wir uns unter die Partygäste und genießen. Ich bedaure sehr, dass meine Freunde mich morgen verlassen«, sprach Bob aus. »Die Zeit mit euch war einzigartig schön, aber viel zu kurz. Nagrah und ich, wir begleiten euch zum kleinen Flugplatz. Dann ist Abschied, aber vielleicht nur für ein Jahr. Was denkst du?«

»Dasselbe und nun auf geht's zum Feiern.«

Als die Party ihren Höhepunkt erreichte, arrangierte Nagrah eine Überraschung für Gerti und Renate. Als Trophäe bekamen sie handgefertigte Straußenlederschläppchen. Die beiden waren merklich beglückt. Es wurde ausgiebig gefeiert, bis in den lichten Morgen hinein.

Der nächste Tag im Flugzeug.

Ich träumte so dahin. Renate hatte ihren Kopf an meiner Schulter angelehnt und schlief. Ich freute mich auf mein Hebelhaus mit Garten. Sowie auf meinen 968er

Porsche in amazonasgrün. Ralf ging es bestimmt ähnlich, denn wir beide fuhren den gleichen Wagen. Und natürlich auf meine Arbeit als Elektromeister bei Hebel. Renatchen freute sich auf ihre geschossenen Tierbilder. Die sie bald ihrem Tiermagazin und Chef präsentieren würde. Eine gute Entlohnung war ihr bestimmt sicher. Und dem Tiermagazin Freude für die Leser.

Es war eine wunderschöne Reise. Unsere Freunde hatten entspannte Gesichter. Sie genossen mit uns. Ihre Gedanken waren bereits in Schöllkrippen angekommen. Wo ihre Heimatwurzeln steckten. Noch was, die Sommerzeit! Gott sei Dank würden wir in der normalen Zeit ankommen. Gestern wurde sie in die naturbelassene Zeit gedreht. Zeitumstellung: Geht gegen die Natur des Menschen. Es wäre besser, sie in der Normalität zu belassen. Der Mensch fühlt sich gesundheitlich wohler. Und die Wissenschaft sagt auch, es bringe keine Ersparnis. Aber die Menschen drehen gerne an der Uhr der Natur. Mal sehen, ob es kluge Menschen gibt, die sich einsetzen für die naturbelassene Zeit: Eine Arbeit erwartete mich sofort. Die Uhren umstellen. Das mochte ich gar nicht, weil es eine sinnlose Sache war. Die Zeit liegt in Gottes Hand.

So, ein Blick auf meine Armbanduhr sagte, in einer halben Stunde wäre es soweit. Langsam mussten wir uns vorbereiten für die Landung auf dem Frankfurter Flughafen. Aber ich glaubte fest: »Afrika, wir kommen zurück.« Ich dachte nicht mehr im Geringsten an meine Herzprobleme, nein, die waren wie weggeblasen.

6 Monate später.

Renates Chef war inspiriert von den schönen Wildfotos. Eine dreifache Auflage brachte das Magazin in einem Monat heraus. Meine Frau wurde geehrt und bekam eine dreifache Monatsentlohnung. Auf einmal.

Ich bin Dauergast im Frankfurter Zoo. Gehe beim Zoodirektor ein und aus, wir sind gute Freunde geworden.

Zitta, die Löwin, und Kathi, die langbeinige Giraffe, sind zu bildschönen Tieren herangewachsen. Fühlen sich heimisch im Frankfurter Zoo. Rundum eine gelungene Sache.

Was glauben Sie, wo unsere Gedanken sind? Na, bis bald, in der Wildnis bei unseren Freunden.

Ebenfalls bei TRIGA – Der Verlag erschienen

Helga Frei

Auf dem Weg zum großen Glück

Eine Liebesgeschichte

2. Auflage

1959. Ein Sommerwochenende im Odenwald. Die siebzehnjährige Lotte verliebt sich Hals über Kopf in Paul. Er ist ihre erste große Liebe und Lotte weiß sofort, dass er der Richtige ist - und Amors Pfeil hat auch Paul getroffen.

Das junge Paar trifft sich, wann immer es möglich ist, bei Paul in Amorbach oder bei Lotte in Goldbach. Eine Erkrankung von Lottes Mutter scheint weitere Treffen unmöglich zu machen, denn Lotte muss ihren kleinen Bruder versorgen. Dieses und viele weitere Hindernisse, die ihrem großen Glück im Wege stehen, überwinden Paul und Lotte gemeinsam.

Der vorliegende Roman ist auch ein kleiner Reiseführer für Amorbach und Miltenberg, deren schönsten Fleckchen das junge Paar besucht.

168 Seiten. Paperback. 12,50 Euro. ISBN 978-3-95828-166-0

Helga Frei
Annas Glück
Eine schlesische Geschichte
3. Auflage

Momente des Glücks – inmitten von Krieg, Not und Leid!

Schlesien. Kranz bei Breslau. November 1944. Annas Glück beginnt, als nach fast zwei Jahren ohne ein Lebenszeichen ihres Ehemannes Jakob, Sanitäter an der Front, ein Brief von ihm eintrifft. Eine Woche Heimaturlaub! Anna wünscht sich für diese sieben Tage nichts sehnlicher als einmal den Krieg vergessen zu können, auch wenn die Nachrichten von der heranrückenden Front Grund zu Angst und Sorge geben; eine glückliche Familie zu sein, zusammen mit den beiden Kindern Günther und Helga; jede Sekunde zu genießen, das jetzt mögliche Glück mit jeder Faser des Herzens zu erleben.

Tage voller Harmonie beginnen. Der Abschied ist unausweichlich, als der Ehemann und Vater zurück in den Krieg zieht. Kurze Zeit später muss Anna mit ihren Kindern flüchten, das geliebte Haus, die vertraute Heimat verlassen.

Sensibel und eindringlich vereint Helga Frei in ihrer Erzählung Glück und Leid einer Familie aus Schlesien kurz vor dem Ende des Zweiten Weltkrieges.

194 Seiten. Paperback. 13,80 Euro. ISBN 978-3-95828-165-3

Helga Frei
Laura auf der Himmelsleiter
Bunte Kindergeschichten
Mit vielen farbigen Abbildungen
4. Auflage

Helga Frei, wohnhaft in Alzenau, erzählt spannende, fröhliche Geschichten mitten aus Kinder-Alltag und Tierwelt. Klein Ernas erster Schultag, ein Wettschwimmen oder ein Puppentheaterbesuch sind dabei genauso Themen wie die Wohnungssuche einer Eule oder die Erlebnisse einer Kirchenmaus.

Illustriert sind die Geschichten mit kindgerechten farbigen Zeichnungen.

82 Seiten. Paperback. 14,50 Euro. ISBN 978-3-95828-231-5

TRIGA – Der Verlag
Birkenallee 2 a · 63619 Bad Orb · Tel.: 06051/605900 · Mobil: 01577/3475779
E-Mail: triga@triga-der-verlag.de · www.triga-der-verlag.de